5 ESCOLHAS

Coordenação de produção: Alexandre Braga
Tradução: Cristina Yamagami
Edição: Pólen Editorial
Preparação de texto: Lizandra M. Almeida
Revisão: Hed Ferri e Virgínia Vicari
Diagramação: Carolina Palharini e Carlos Borges Jr
Capa: Carolina Palharini

Dados Internacionais de Catalogação na Publicação (CIP)
Angélica Ilacqua CRB-8/7057

Kogon, Kory
5 Escolhas : o caminho para uma produtividade extraordinária / Kory Kogon, Adam Merrill e Paulo Kretly; tradução de Cristina Yamagami. – São Paulo : HSM do Brasil, 2016.
240 p.

Bibliografia
ISBN 978-85-67389-60-8
Título original: *The 5 Choices* : the path to extraordinary productivity

1. Administração do tempo 2. Produtividade do trabalho 3. Planejamento 4. Sucesso nos negócios I. Título II. Merrill, Adam III. Kretly, Paulo IV. Yamagami, Cristina

16-0159 CDD 650.11

Índices para catálogo sistemático:

1. Administração do tempo

hsm
EDUCAÇÃO EXECUTIVA

Alameda Tocantins, 125 – 34º andar
Barueri-SP. 06455-020
Vendas Corporativas: (11) 3039-5605 ou
atendimento@revistahsm.com.br

KORY KOGON ADAM MERRILL PAULO KRETLY

5 ESCOLHAS

O CAMINHO PARA UMA **PRODUTIVIDADE EXTRAORDINÁRIA**

FranklinCovey

Uma publicação da hsm EDUCAÇÃO EXECUTIVA

Dedicado a Stephen R. Covey

SUMÁRIO

INTRODUÇÃO

VOCÊ ESTÁ SOBRECARREGADO?

Jaivon abriu os olhos assustado quando o avião trepidou. Olhou ao redor e se deu conta de que era só uma turbulência... e que havia caído no sono de novo.

Ele tinha passado a última hora dormitando, tentando ficar acordado para trabalhar em suas anotações. "Nem era para eu estar neste avião", pensou, com raiva. "Eu devia estar em casa, com Kalisha!" Eles haviam se casado apenas alguns meses antes e estavam mudando de casa.

A viagem tinha sido inesperada e não poderia ter vindo em momento pior. Os dois haviam tirado alguns dias de licença do trabalho para organizar a mudança, mas um dos maiores clientes da empresa dele tivera uma emergência técnica e Jaivon era a melhor pessoa para resolver o problema. "Pelo menos ninguém está me mandando mensagens agora", resmungou. "Passar a noite no avião tem essa vantagem."

Enquanto tentava se acomodar no assento, apertado entre dois outros passageiros, Jaivon pensou nas semanas anteriores no escritório. Uma crise após a outra. Ele era um dos principais programadores de uma empresa de software pequena, porém em crescimento, e sua agenda estava sempre lotada. Recentemente, também assumira novas responsabilidades de liderança da equipe e agora tinha mais pessoas para atender. Os problemas vinham ora do pessoal de vendas, ora dos programadores. Havia tantas decisões a tomar! Sua caixa de entrada de e-mails e seus aplicativos de mensagem instantânea estavam cheios de perguntas às quais, pelo jeito, só ele poderia responder. A vida estava parecendo aquele assento de avião – sem espaço para mais nada – e a situação só piorava.

No início, ao assumir o novo cargo, dois anos atrás, ele estava empolgado com a empresa e suas perspectivas. O produto era um software bem interessante, o tipo de programação que ele gostava de fazer. Com o salário de Kalisha e o desse novo emprego, eles passaram a procurar uma casa que finalmente poderiam chamar de lar e até a pensar em ter filhos. "Mas, do jeito que as coisas vão", pensou ele, "não vamos conseguir ficar juntos tempo suficiente para fazer a família crescer!"

O emprego de Kali também a mantinha ocupada. Ela atuava no varejo e administrava duas lojas de roupas exclusivas, que ficavam abertas até a noite. Mesmo chegando tarde em casa, não raro tinha coisas do trabalho a fazer, como checar a escala do dia seguinte quando um funcionário ligava avisando que estava doente, analisar os resultados dos inventários e assim por diante.

Enquanto refletia sobre isso tudo, Jaivon começou a sentir algo que jamais sentira: desespero. "Será que isso vai acabar algum dia?", pensou.

A situação de Jaivon lhe soa familiar?

Pode não ser exatamente seu caso, mas imaginamos que tenha se identificado com alguns aspectos da história.

Provavelmente, você escolheu este livro para ler por uma das seguintes razões:

1. **Está em busca de novas ideias para ser mais produtivo.** Ainda que esteja se virando bem, você quer se aprimorar. Quer gerenciar melhor seu tempo para ser mais produtivo. Quer

aumentar sua contribuição no trabalho, avançar na carreira, ter mais tempo para as pessoas mais importantes de sua vida ou atingir determinadas metas.

2. **Sente-se sobrecarregado todos os dias e precisa de ajuda urgente.** Você pode, no entanto, se sentir como Jaivon, enterrado sob uma montanha de atribuições e obrigado a fazer malabarismos com uma enxurrada de demandas e decisões o dia inteiro. Pode sentir que há um desequilíbrio em sua vida e que raramente tem tempo para si. Pode sentir que sua saúde e seus relacionamentos estão sendo prejudicados e que seu principal objetivo na vida é só conseguir sobreviver a mais um dia. Você sabe que, se alguma coisa não mudar logo, vai simplesmente explodir.

Se você se identificou com qualquer uma dessas descrições ou está em algum ponto entre os dois extremos, saiba que não é o único. Por nossa experiência, cada vez mais pessoas têm dificuldade de atingir seus objetivos na vida. Elas são capazes de enxergar grandes possibilidades, mas também se sentem sobrecarregadas, correndo de um incêndio ao outro, tentando avançar, porém sempre preocupadas com o fato de que podem estar ficando para trás. Para muitas pessoas, parece que, quanto mais tarefas realizam, mais recebem. É uma torrente interminável de novas atividades, compromissos, obrigações e responsabilidades. Algumas veem tudo isso como uma montanha gigante de cascalho caindo sobre elas e ameaçando enterrá-las vivas.

O objetivo deste livro é contribuir para que você saia debaixo dessa montanha de cascalho, respire uma lufada de ar fresco e retome o controle de sua vida. Vamos ajudá-lo nisso apresentando princípios, processos e ferramentas que podem mudar a equação, um guia prático para se livrar da tirania da torrente infindável de tarefas que surgem em sua agenda. Você não encontrará aqui fórmulas mágicas nem soluções fáceis. A metodologia que recomendamos requer algum esforço, mas você verá que cada capítulo está repleto de medidas simples e bastante eficazes que podem ser postas em prática imediatamente e que terão grande impacto em sua vida.

Quando passar a implementar as recomendações propostas neste livro, um passo de cada vez, você estará começando a alterar a equação. Vai sair debaixo da montanha de afazeres e avançar de maneira mais produtiva e gratificante. Vai saber com clareza o que é mais importante para você e focar essas coisas, terminando o dia sentindo-se verdadeiramente realizado.

O PARADOXO DA PRODUTIVIDADE

Nunca foi tão fácil, em toda a história da humanidade, atingir grandes realizações. Uma boa explicação para isso é o poder cada vez maior da tecnologia para aumentar nossa produtividade.

Hoje, a tecnologia possibilita que uma criança de Bangladesh aprenda álgebra com os melhores professores do planeta. Permite que pessoas do mundo todo se vejam e trabalhem em colaboração em tempo real. Podemos acessar as mais ricas bibliotecas do mundo e publicar nossas ideias para serem lidas em qualquer lugar. A tecnologia possibilitou avanços na medicina, a decodificação do genoma humano, a derrubada de governos, a divulgação de segredos de Estado e a exposição de atos de corrupção.

Com os avanços na interconectividade, o poder de processamento e os vestuários tecnológicos capazes de medir desde a temperatura de nossa pele até nosso fluxo sanguíneo, a interação entre o modo como vivemos e pensamos e as tecnologias que usamos se torna cada vez mais forte. E a revolução está só começando.

No entanto, o paradoxo é que essas mesmas tecnologias podem, mais do que nunca, dificultar o alcance das metas que mais importam para nós.

> **O PARADOXO DA PRODUTIVIDADE**
>
> É ao mesmo tempo mais fácil e mais difícil do que nunca atingir uma produtividade extraordinária e ter um senso de realização na vida.

O fluxo constante de informações possibilitado pela atual tecnologia enche nossa vida de tarefas e demandas por nossa atenção que, no fim das contas, podem não ser tão importantes. A tecnologia permite que qualquer pessoa que tiver vontade, em qualquer lugar do mundo, deixe uma mensagem em nossa caixa de entrada digital, obrigando-nos a responder, mesmo que seja só para dizer não. Somos enterrados vivos pela torrente irrefreável de tarefas e demandas, o que nos drena uma energia que poderia ser alocada para atividades de maior valor. Em muitos casos, redefinimos o sucesso como simplesmente realizar as coisas a tempo (e no último minuto!), em vez de realizar as coisas importantes, dedicando-lhes a atenção e a qualidade que nos fazem sentir como quem de fato está executando um trabalho extraordinário.

A natureza hiperacelerada viabilizada pela tecnologia do ambiente de trabalho afetou a vida das pessoas a ponto de elas passarem a se sentir mais sobrecarregadas do que nunca. Elas se veem atoladas em um lamaçal de tarefas e ao mesmo tempo drenadas da capacidade de realizá-las. Então ficam agitadas e ansiosas, estressadas quando estão trabalhando e estressadas quando não estão. É um estado semipermanente de inquietação que permeia nossa cultura e exaure nossa confiança e nosso prazer. Esse é o custo humano do paradoxo da produtividade, que só vai se agravar para quem não souber como domá-lo e usá-lo em benefício próprio.

O paradoxo da produtividade gira em torno de três desafios cruciais.

DESAFIO 1: ESTAMOS TOMANDO MAIS DECISÕES DO QUE NUNCA

No início do século 20, com o mundo se industrializando, enormes avanços de produtividade resultaram da automação do trabalho. O trabalho foi decomposto em pequenas tarefas repetitivas em uma linha de montagem, as quais qualquer um podia realizar. Em consequência, empresas e países se tornaram capazes de produzir bens em uma escala muito maior. Foi esse aumento da escala de produção que criou a riqueza no século 20.

No entanto, no século 21, o modo de criação de valor foi transferido do trabalho manual, necessário para montar produtos, para o trabalho mental criativo, que concebe, projeta, promove e vende os processos, serviços e produtos complexos atuais (como softwares e dispositivos médicos sofisticados). O valor econômico de hoje passou de um trabalho com baixo conteúdo de decisão para um trabalho de alto conteúdo de decisão ou, em outras palavras, de nossas mãos para nosso cérebro.

O desafio da produtividade é o fato de que a velocidade das decisões necessária para fazer nosso trabalho se tornou quase opressiva. E o que muitas pessoas fazem, por serem comprometidas e empenhadas, é tentar lidar com essa torrente de decisões de maneira linear. Elas tomam decisões à medida que as demandas se apresentam, ocupando-se de uma por vez, com a maior rapidez e eficiência possíveis, e passando para a decisão seguinte... como em uma linha de montagem.

O problema é que as decisões de alto valor não chegam em uma ordem previsível. Elas não são oportunidades lineares. Se não nos dermos conta disso, nós não as perceberemos ou então lidaremos com elas apressadamente, sem muita qualidade. Uma abordagem linear em uma realidade não linear é receita garantida para o fracasso. Abaixar a cabeça e simplesmente trabalhar mais rápido não cria a produtividade extraordinária em um mundo em que o valor é encontrado em saber distanciar-se um pouco, priorizar as decisões que surgem e tomar boas resoluções quanto ao que de fato afeta os resultados.

Em um estudo revelador citado na *Harvard Business Review*, os funcionários de melhor desempenho em cargos de baixa complexidade, que requerem o mínimo de tomada de decisão (como os de uma lanchonete), se mostraram aproximadamente três vezes mais produtivos do que os de pior desempenho. Em cargos de média complexidade (como um operário de uma fábrica de alta tecnologia), os funcionários de melhor desempenho se revelaram doze vezes mais produtivos. No entanto, em cargos de alta complexidade, nos quais as decisões certas fazem toda a diferença (como um engenheiro de software ou um executivo de um banco de investimento), as diferenças entre os funcionários de melhor e de pior desempenho foram tão grandes que não foi possível mensurá-las.[1]

Pense em seu trabalho. Você o considera bastante complexo? Ele envolve áreas em que as decisões certas fariam uma enorme diferença nos resultados? Você é capaz de dedicar tempo e energia suficientes para tomar essas decisões com qualidade?

DESAFIO 2: NOSSA ATENÇÃO ESTÁ SOB UM ATAQUE SEM PRECEDENTES

Se o número de decisões que precisamos tomar fosse o único problema, poderíamos nos safar com relativa facilidade. Contudo, um segundo desafio se acumula sobre o primeiro: enquanto tentamos lidar com a enxurrada de novas decisões a tomar, nossa atenção é vítima de um ataque sem precedentes. Todos os bipes, vibrações e banners que invadem nosso espaço mental impõem um alto custo a nossa capacidade de nos concentrarmos no que realmente importa.

Até a tecnologia pessoal pode se transformar em território inimigo. Se você já entrou no Google para pesquisar algo importante e, 45 minutos depois, se pegou assistindo a vídeos imbecis ou lendo coisas sem qualquer valor, então entende como é fácil nos distrairmos sem perceber.

Os profissionais de marketing sabem explorar com maestria nossas tendências naturais à distração. Pense nos milhões de dólares e dezenas de milhares de horas gastos tentando prender sua atenção por apenas 30 breves segundos durante um comercial do SuperBowl ou da Copa do Mundo. O mesmo dinheiro e empenho são gastos todos os dias na internet, com os profissionais de marketing criando anúncios vibratórios, dançantes e barulhentos só para prender nossa atenção por tempo suficiente para instigar nosso interesse em algo que eles estão tentando vender. Nosso amplo ecossistema midiático, que inclui notícias, propagandas e os próprios programas transmitidos, é basicamente um campo de batalha por seu recurso mental mais valioso: a atenção. Essa batalha é alimentada por dólares, euros ou yuans, e as apostas são altas. Não faltam incentivos aos anunciantes para fazer o que puderem para chamar nossa atenção, mesmo que por um breve momento.

Entretanto, é difícil passar muito tempo prestando atenção a algo, e isso se aplica tanto a indivíduos como a organizações. E, quando prestamos atenção a alguma coisa, devemos nos conscientizar de que isso sempre tem um custo. Prestar atenção a algo requer um investimento de energia. E não dizemos isso só em sentido figurado. É um fato biológico e neurológico. Como a atenção requer esforço, é muito mais fácil deixar o cérebro se distrair com coisas menos importantes.

O resultado é que, se não tomarmos cuidado, podemos entrar no piloto automático mental, indo de uma coisa estimulante e distrativa a outra e deixando passar o que é importante, as coisas que fazem com que nossos dias, nossa vida e nossos relacionamentos sejam extraordinários.

DESAFIO 3: SOMOS VÍTIMAS DE UMA CRISE DE ENERGIA PESSOAL

Em meio a todas as decisões que vêm em sua direção e às distrações a seu redor, que prendem sua atenção, você acha difícil pensar com clareza no trabalho? Sente-se esgotado na maior parte do tempo? Você se vê usando estimulantes como café ou bebidas energéticas só para conseguir chegar ao fim do dia? Já terminou seu dia ou semana de trabalho tão exausto que desabou no sofá, sem energia alguma para dedicar às pessoas ou atividades que adora?

Uma vida produtiva é uma vida consciente, e isso requer energia mental. No entanto, com a enxurrada irrefreável de coisas viabilizadas pela tecnologia que chegam a nós, não raro nos sentimos tão exaustos e exauridos que somos obrigados a encarar nossa crise de energia pessoal. Somos incapazes de reunir a energia mental necessária para pensar com clareza e, para profissionais do conhecimento, isso é um grande problema.

A gestão da energia não diz respeito apenas à energia física, embora também seja importante; refere-se à energia bruta necessária para realizar o trabalho mental. Também nesse caso, não estamos falando só em termos metafóricos, mas de uma realidade biológica e neurológica. Seu cérebro precisa de certos elementos para funcionar bem, como glicose e oxigênio, e uma série de fatores afeta o suprimento desses elementos. Nosso ambiente de trabalho, porém, é extremamente hostil a nosso cérebro. Como o cientista cognitivo John Medina observa, nossos escritórios sedentários e divididos em cubículos dos dias de hoje constituem "ambientes de trabalho anticérebro quase perfeitos".[2] Isso pode ser dito mesmo quando nos vemos trabalhando cada vez mais em funções de alta complexidade, que exigem grande esforço mental.

O IMPACTO DO PARADOXO DA PRODUTIVIDADE

Essas três raízes do paradoxo da produtividade – o fluxo constante de infinitas decisões a tomar; a batalha, a cada segundo, pela atenção; e as demandas que drenam a energia pessoal – têm um impacto concreto em nosso senso de realização ao fim de qualquer dia no trabalho, em casa e na comunidade.

Você sente isso todos os dias quando chega em casa exaurido, sem saber ao certo se realizou o que precisava realizar, preocupado com as coisas que deixou de fazer e pensando no dia seguinte com apreensão. Sente isso quando reflete sobre sua vida como um todo e percebe que negligenciou áreas importantes, não cultivou relacionamentos, não desenvolveu talentos e abandonou interesses. Sente isso quando pensa em seu potencial e em suas metas grandiosas, mas se vê esgotado por todas as novas tarefas e demandas que parecem impedi-lo de se concentrar nas coisas mais importantes.

Esses sentimentos não são só uma parte de sua experiência interior: eles são quantificáveis. E se nós lhe dissermos que, em um mundo em que você tem mais oportunidades do que nunca de fazer grandes realizações, 40% – quase a metade – de seu tempo, atenção e energia estão sendo alocados para atividades inúteis ou irrelevantes?

Em um estudo conduzido pela FranklinCovey ao longo de seis anos, descobrimos exatamente isso. O estudo se baseou em 351.613 entrevistados na África, Ásia-Pacífico, Europa, América Latina, Oriente Médio e América do Norte. No levantamento, as pessoas disseram que dedicavam cerca de 60% do tempo a coisas importantes e por volta de 40% a coisas não importantes para elas ou para a empresa.[3]

Pense um pouco a respeito. Algumas pessoas podem dizer: "Bom, pelo menos é mais do que a metade!". Mas o que aconteceria se seu carro só funcionasse na metade do tempo? Você ficaria satisfeito? E seu computador ou celular? E se só a metade das lâmpadas funcionasse em sua casa? Ou se só a metade do dinheiro de sua conta bancária ou aplicado em investimentos lhe desse retorno? E se só a metade dos jogadores de seu time favorito comparecesse para jogar uma decisão de campeonato? Você jamais aceitaria situações como essa, então por que se contentar com menos no que diz respeito a seu tempo?

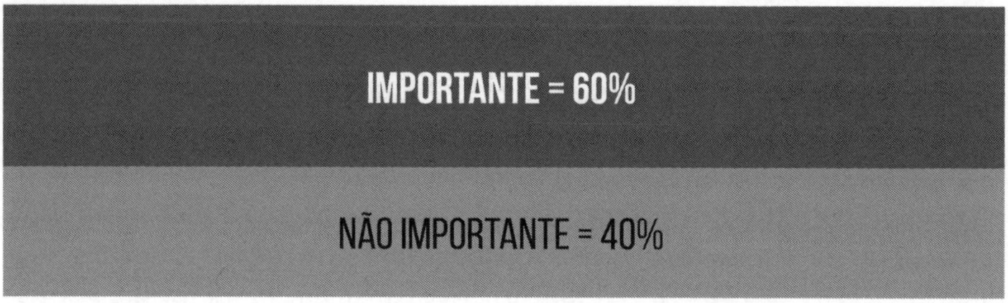

Do ponto de vista organizacional, isso implica que só em torno da metade do dinheiro que você gasta na fôlha de pagamento está sendo alocada para as atividades importantes para sua organização. Se você for um líder, isso significa que só por volta da metade da energia de sua equipe está sendo alocada para o alcance de suas metas mais importantes.

Vamos analisar alguns números.

Suponhamos, por um momento, que sua organização esteja na média global e que cada pessoa de sua equipe trabalhe cerca de 2.080 horas por ano, ou 40 horas por semana. Aplicando a métrica dos 40% a essas horas de trabalho, isso significaria 832 horas por ano desperdiçadas em atividades sem importância para cada membro de sua equipe. Suponhamos também que você trabalhe em uma empresa ou divisão de 500 pessoas e o salário médio (incluindo funcionários de todos os níveis) seja de US$ 50 por hora. Isso representaria um desperdício de mais de US$ 20 milhões por ano.

Segundo nossa experiência, esse constitui o maior custo de oportunidade das organizações atualmente. Trata-se do custo das pessoas alocando seu precioso tempo, atenção e energia para coisas que não ajudam a atingir os resultados mais importantes.

E o problema não se resume a números. Pense no custo no que se refere a engajamento e comprometimento dos funcionários quando eles chegam à empresa para realizar um trabalho no qual metade de sua energia não é alocada para coisas importantes, tendo de enfrentar todo tipo de distrações e demandas que os impedem de fazer o melhor para atingir objetivos que realmente importam.

Esse é o verdadeiro impacto do paradoxo da produtividade. Em uma época na qual temos mais condições do que nunca de realizar um trabalho extraordinário, parece cada vez mais difícil alcançar esses objetivos. E isso afeta nosso trabalho, nossos relacionamentos, nosso senso de satisfação e realização e até nossa saúde.

Vamos deixar claro que não estamos sugerindo que todo mundo se transforme em uma pequena fábrica de eficiência, trabalhando sem parar em modo de produção, 100% do tempo. Essa é uma mentalidade da era industrial, baseada em máquinas, que não atinge um bom equilíbrio nem chega a ser possível ou realmente produtiva no mundo de hoje. Na verdade, estamos nos referindo ao tempo e à energia que você gasta nas coisas importantes para você e para seu trabalho, nas coisas que o levarão a ter um sentimento de satisfação ao fim de cada dia. E se tivéssemos como aumentar o tempo e a energia alocados para essas coisas, mesmo que fosse só um pouco? E se conseguíssemos alterar a proporção para 70/30 ou até para 80/20? Como isso afetaria nossa vida pessoal e profissional?

E se você pudesse se livrar de algumas das coisas irritantes que o impedem de realizar seu melhor trabalho, que o impedem de dar atenção a seus relacionamentos mais importantes, que o impedem de fazer as coisas que promovem seu senso de contentamento, satisfação e realização todos os dias?

Se você acredita, como nós, que seus bens mais valiosos são sua vida e o tempo e a energia que gasta para vivê-la diariamente, não faz sentido alocar mais tempo e energia para as coisas que realmente importam?

O QUE É PRODUTIVIDADE EXTRAORDINÁRIA?

Quando usamos a palavra *extraordinário*, não estamos sugerindo que todo mundo precisa conquistar a paz mundial na próxima sexta-feira e ganhar o Prêmio Nobel na segunda. Estamos nos referindo a viver e trabalhar no seu melhor, engajando-se plenamente no que você faz e mobilizando seus talentos e energias especiais. E, acima de tudo, nos referimos a fazer um trabalho capaz de gerar uma tremenda satisfação.

Agora você pode estar dizendo a si mesmo: "Claro, a ideia é boa, mas não tenho flexibilidade no trabalho e só preciso fazer o mínimo de esforço". Pense, por um momento, no funcionário da lanchonete do estudo que citamos algumas páginas atrás. Visualize mentalmente o trabalho desse funcionário. Trata-se de uma função de baixa complexidade com descrição de cargo bem definida, projetada para remover decisões, criar uma atenção focada e reduzir ao mínimo as demandas de energia mental. Você poderia argumentar que esse é um dos trabalhos que requerem menos conhecimento no planeta. Poderia dizer que é como uma linha de montagem dos velhos tempos. E você estaria certo.

No entanto, mesmo nesse contexto, como uma pessoa pode ser três vezes mais produtiva do que outra?

Uma amiga nossa foi comer em um lanchonete franqueada. Esperando apenas um sanduíche, o que ela recebeu foi uma experiência de serviço inesperada e inesquecível.

Quando ela entrou na fila para fazer o pedido, notou um jovem funcionário coberto de tatuagens e piercings, como muitos jovens que trabalham em lanchonetes. Mas, quando a cumprimentou, ela imediatamente percebeu seu sorriso entusiasmado e a atenção dedicada a seu pedido.

Depois o observou preparar com habilidade o sanduíche, com movimentos fluidos que não só indicavam satisfação no processo, mas também atenção aos detalhes. Foi como assistir a um dançarino talentoso ou um artista que domina sua arte. Ficou claro que ele tinha refletido sobre o processo e criado uma sequência de eventos que lhe possibilitavam realizar seu melhor trabalho.

Quando o jovem terminou de fazer o sanduíche e o entregou com um agradecimento sincero, ela percebeu que não havia sido atendida por um mero trabalhador de linha de montagem, mas por um ser humano responsável por uma contribuição consciente, um verdadeiro artesão.

O que fez a diferença?

Mesmo em um cenário rigorosamente controlado, aquele funcionário tinha decidido conscientemente quais eram os fatores mais importantes em que poderia interferir, focou sua atenção nesses aspectos e dedicou sua melhor energia a seu trabalho. Na base dessa atitude estava uma decisão ainda mais fundamental exigida pelo trabalho extraordinário: ele tinha decidido se engajar plenamente no que fazia. Ao final, obteve um resultado consideravelmente mais produtivo, satisfatório e gratificante para ele e mais impactante para os clientes atendidos.

QUANDO VOCÊ FOI EXTRAORDINÁRIO?

Compare esse caso com seu trabalho, levando em conta que você provavelmente tem muito mais margem de manobra! Quando você sentiu, como o jovem funcionário da lanchonete, que estava realizando um trabalho extraordinário? Quando se envolveu em um projeto ou alguma outra iniciativa e deu o melhor de si? Quando se engajou plenamente em suas atividades profissionais? Quando terminou o dia sentindo-se realizado?

Enquanto fazia esse trabalho, como foi seu processo decisório? Qual era a qualidade de sua atenção? Quando surgiram distrações, você as ignorou rapidamente para se manter focado no que estava fazendo? Quanta energia e clareza mental você sentiu?

Muitas vezes, quando fazemos essas perguntas a grandes grupos, vemos um relance de temor passando pelos olhos das pessoas: "Será que eu nunca vivi uma situação como essa?". E sempre nos surpreendemos ao constatar seu esforço para se lembrar dessas grandes realizações. Em geral, as pessoas ficam tão ocupadas tentando dar conta de tudo que nem sequer fazem uma pausa para desfrutar a sensação de uma verdadeira realização. Assim, quando todos no grupo percebem que de fato se engajaram em um excelente trabalho, eles se energizam e se põem a reviver e contar alguns dos melhores momentos de sua vida.

Imagine que bom seria se, ao fim de cada dia, você fosse capaz de refletir sobre as coisas que fez e tivesse esse mesmo senso de realização.

AS 5 ESCOLHAS QUE PROMETEM LEVAR À PRODUTIVIDADE EXTRAORDINÁRIA

A premissa que fundamenta este livro é a de que todo mundo tem a capacidade de realizar um trabalho extraordinário. Todo mundo tem o potencial de terminar cada dia sentindo-se satisfeito e realizado.

Entretanto, para chegar a esse ponto, você precisará resolver diretamente os três desafios que fundamentam o paradoxo da produtividade. Você precisará aumentar sua capacidade em três áreas:

- gestão de decisões;
- gestão da atenção;
- gestão da energia.

A boa notícia é que há 5 Escolhas que, quando feitas sistematicamente, o ajudarão a atingir esse objetivo. Essas 5 Escolhas se baseiam nos princípios atemporais de produtividade humana que passamos trinta anos ensinando na FranklinCovey. Também se fundamentam nas mais recentes descobertas da ciência cognitiva, biologia, tecnologia e psicologia do desempenho. Os métodos desenvolvidos foram corroborados por dezenas de milhares de experiências práticas de pessoas que os aplicaram em diversas situações e organizações em todo o mundo. Eles foram testados e comprovados.

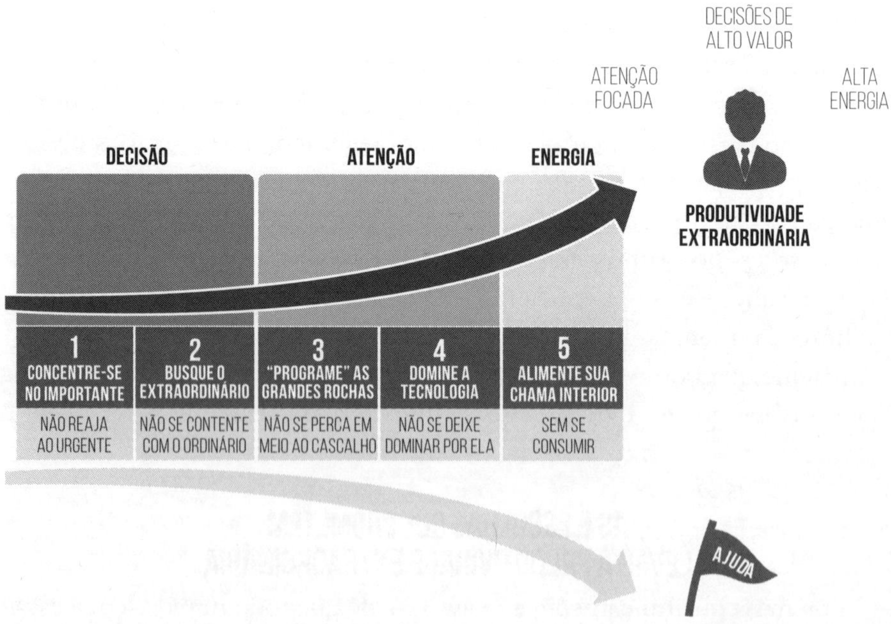

A alternativa é negligenciar todas as descobertas sobre decisões, atenção e energia e se deixar ser enterrado vivo pela montanha implacável de novas tarefas e demandas – em outras palavras, deixar que 40% de seu tempo e energia sejam consumidos por coisas que não importam, deixar-se dominar pelos acontecimentos em vez de assumir o controle de sua vida e ignorar as condições que lhe permitam terminar todos os dias sentindo-se realizado.

Em última análise, o que está em jogo é a qualidade de seu trabalho e de sua vida e a consequente satisfação de fazer as contribuições especiais que só você pode oferecer.

RESUMINDO

- O paradoxo da produtividade está no fato de ser, ao mesmo tempo, mais fácil e mais difícil do que nunca atingir uma produtividade extraordinária e ter um senso de realização na vida.
- Os três desafios básicos do paradoxo da produtividade são: enfrentamos uma torrente irrefreável de decisões, nossa atenção está sob um ataque sem precedentes e nos sentimos drenados de nossa energia mental.
- Todo mundo é capaz de realizar um trabalho extraordinário.
- Há 5 Escolhas que, quando feitas de modo sistemático, nos possibilitam nos livrar do caos e nos sentir realizados ao fim de cada dia.

GESTÃO DE DECISÕES

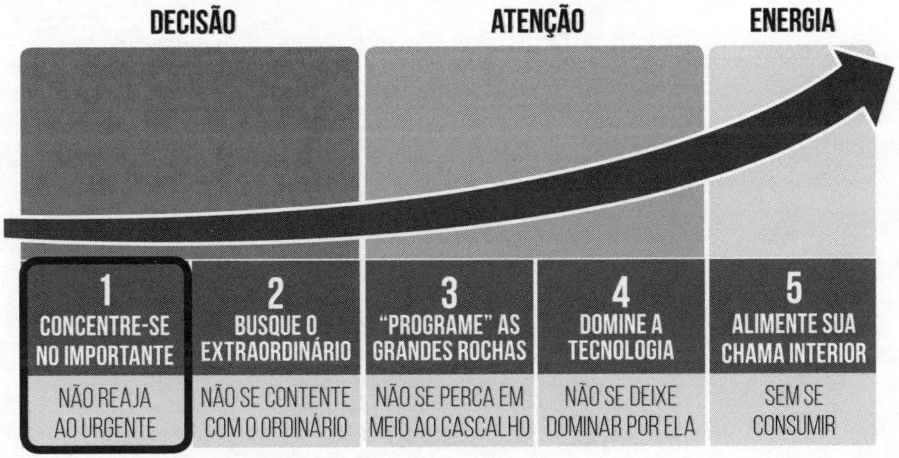

ESCOLHA 1

CONCENTRE-SE NO IMPORTANTE, NÃO REAJA AO URGENTE

"Qualquer coisa menos do que um comprometimento consciente com o importante é um comprometimento inconsciente com o não importante."

STEPHEN R. COVEY

Kiva acordou de manhã e ficou na cama tentando se livrar do torpor do breve repouso da noite, depois de dormir bem tarde. O despertador martelou em seus ouvidos. Ela sabia que devia se exercitar. Queria isso. Antes de ir para a cama, tinha até feito o download do mais recente aplicativo de power yoga. Kiva desligou o alarme com violência.

As tarefas do dia inundaram rapidamente sua mente. Um grande projeto no trabalho tinha prazo final iminente, e mais ou menos um milhão de coisas que precisavam ser feitas flutuavam em sua cabeça. Ansiosa, Kiva imediatamente pegou o smartphone para verificar se havia algum e-mail da equipe do projeto.

"Atenção imediata!", "Dados importantíssimos!", "Requer sua análise e decisão ainda hoje!".

Dos trinta e-mails que chegaram desde que ela havia desligado o celular na noite anterior, muitos pareciam urgentes. Alguns eram spams, que ela logo deletou. Outros ela ainda não tinha como saber se eram urgentes e correu os olhos por eles para ver se algum demandava sua atenção. De repente, percebeu que passara 45 minutos checando os e-mails e ainda nem tinha saído da cama.

"Ah, fazer o quê?", suspirou, reconhecendo que deixara escapar a oportunidade de experimentar a nova rotina de ioga. Na verdade, ela se deu conta de que, se não se apressasse, chegaria atrasada ao trabalho.

Depois de tomar um banho rápido, passar um pouco de maquiagem e escolher as roupas menos amarrotadas, ela se vestiu e se dirigiu à porta, parando apenas para deixar um bilhete à colega que dormia no outro quarto, pedindo que recolhesse o lixo e comprasse café no mercado.

Dez minutos depois, parou na cafeteria da estação ferroviária para comprar um pãozinho e um café com leite ("Melhor pedir um duplo... ou triplo?") e entrou correndo no trem quando ele estava prestes a partir. Sentou-se ao lado de um homem que parecia descontraído demais para aquela hora da manhã. Deu de ombros e tirou o tablet da bolsa.

Kiva tinha uma importante reunião de planejamento naquele dia e precisava concluir alguns cálculos. Ela havia se programado para fazer isso no dia anterior, mas Karl chegou com um pedido urgente. Aliás, parecia que Karl sempre vinha incomodá-la nos momentos mais inoportunos! Ele devia ter um radar de crises que soava um alarme sempre que ela estava sob pressão. E, na semana anterior, ainda teve a ousadia de convidá-la para um encontro fora do trabalho. "O quê? Você está brincando? Não vai dar, Karl."

Kiva analisou os números e percebeu que estavam faltando alguns dados importantes de Kellie. Enviou rapidamente uma mensagem de texto para ela: "Preciso daqueles relatórios de estoque até as 9 horas. Você pode me mandar?". Alguns segundos depois, veio a resposta de Kellie: "Pode deixar comigo!".

"Ótimo!", pensou ela. "A Kellie é muito ágil nas respostas. Que bom que ela está na minha equipe. Sempre posso contar com ela quando preciso."

Enquanto passava os olhos por alguns documentos, o homem sentado a seu lado lançou-lhe um olhar entre perplexo e irritado. "Ah, melhor nem ligar", pensou ela. "Ele nem deve ter um emprego de verdade. Deve ser um professor de arte de meio expediente ou algo assim, e não alguém que tem decisões importantes para tomar." E se enterrou ainda mais nos relatórios.

Kiva ficou satisfeita com sua capacidade de usar tão bem o tempo da viagem, de 20 minutos. Ela recebeu os relatórios de Kellie, mandou dez outros e-mails aos membros de sua equipe para eles saberem que ela estava no controle da situação e coletou os dados necessários para a reunião de planejamento.

O dia se desenrolou basicamente como sempre, com ela pulando de uma reunião a outra. Um milhão de decisões para tomar! O projeto se aproximava rapidamente do prazo final e todos pareciam estar se empenhando. Havia um fornecedor que nunca acertava no primeiro orçamento e sempre voltava pedindo mais dinheiro para cobrir extras. "Nós sabíamos que a parte da web seria grande, certo?"

Se pelo menos ela não tivesse de ficar tanto tempo lidando com relatórios corporativos e politicagem interna... A empresa tinha vários projetos em andamento e todo mundo competia pelos mesmos recursos. À tarde, Kiva havia passado 90 minutos tentando garantir a verba de programação de que precisava naquela semana e que tinha sido desviada subitamente para outro projeto. Só podia ser brincadeira!

Ela fechou o laptop às 19 horas, mas ainda tinha de mandar mais alguns e-mails. "Ainda bem que tenho a viagem de trem de volta para casa!" Correu os olhos pelo escritório e traçou mentalmente uma rota de fuga para sair por trás da mesa de Karl e evitar ser vista por ele. Já fora do prédio, respirou profundamente o ar fresco e revigorante da noite. Ahhh! Se tivesse sorte, chegaria em casa a tempo de fazer um pedido em um restaurante ("Comida japonesa? Italiana? Coreana?") e assistir a um ou dois episódios de sua série favorita na internet para relaxar.

Vamos dar uma olhada na vida de Kiva. Será que ela de fato é tão produtiva quanto acredita ser?

Pense um pouco a respeito.

Ela desempenha tarefas importantes, até cruciais. Usa o tempo para fazer o que tem de ser feito. Dispõe de vários dispositivos eletrônicos para ajudá-la a se comunicar com os outros e se mantém conectada. Encarrega-se do andamento das coisas e as faz acontecer.

Então, ela é produtiva?

A resposta a essa pergunta se fundamenta no princípio do discernimento, definido como "boa capacidade de julgamento". Esse princípio ocupa o centro da gestão eficaz de decisões e do modo como usamos nosso cérebro.

VOCÊ USA SEU CÉREBRO COM EFICÁCIA?

Como profissionais do conhecimento, pagos para pensar, criar e inovar, uma ferramenta importantíssima que temos para criar valor é nosso cérebro. Assim, antes de irmos adiante, vejamos como nosso cérebro funciona.

Não se preocupe, não vamos nos aprofundar em psicologia avançada ou em neuroquímica. Vamos nos limitar a falar de duas partes básicas de nosso cérebro: o Cérebro Reativo e o Cérebro Pensante.

O Cérebro Reativo constitui a parte inferior do cérebro. É a origem de nossa reação de lutar ou fugir e onde nossos sentimentos e emoções são processados. Vale ressaltar que, como veremos, é também onde nosso cérebro processa o prazer e a satisfação. A maioria desses processos ocorre automaticamente, antes de termos tempo para pensar no que está acontecendo. O Cérebro Reativo é, ainda, o lar dos hábitos adquiridos e arraigados, ou seja, dos padrões de pensamento e comportamento que armazenamos tão profundamente nessa parte do cérebro que eles se tornaram inconscientes e automáticos, como dirigir para o trabalho quando estamos ocupados pensando em outra coisa.

Os cientistas dizem que o Cérebro Reativo se desenvolveu para garantir nossa sobrevivência já nos tempos pré-históricos. Imagine um homem das cavernas caminhando pela floresta. A sobrevivência dele dependia de sua capacidade de reagir rapidamente, sem pensar, a uma ameaça imediata, como um tigre-dentes-de-sabre. Se não agisse rápido, viraria o almoço do felino.

A parte superior de nosso cérebro, o Cérebro Pensante, por sua vez, é onde tomamos decisões conscientes e intencionais. É muitas vezes chamado de *função executiva*, porque nele podemos dirigir e dominar conscientemente impulsos provenientes do Cérebro Reativo. É onde *agimos* em vez de reagir. É onde escolhemos prestar atenção a algo de maneira deliberada e ponderada.

Como as reações do Cérebro Reativo estão profundamente enraizadas, elas requerem muito pouca energia. Ocorrem rapidamente e, a menos que façamos a opção consciente por uma linha de ação diferente, o Cérebro Reativo domina, desviando nossa atenção de pensamentos superiores para estímulos mais imediatos.

A maioria dos anúncios publicitários que vemos foi criada para ser atrativa para o Cérebro Reativo – movimentos alarmantes, sons surpreendentes, imagens sexuais e assim por diante. Nas palavras de um pesquisador, "as implicações para os profissionais de marketing são claras: para mobilizar as pessoas com rapidez e o mínimo de resistência, temos de focar grande parte de nosso empenho no processamento físico e emocional de nível inferior, que são as rodovias de alta velocidade que levam ao inconsciente dos consumidores".[1] Desse ponto de vista, não passamos de carteiras com neurônios acoplados – o objetivo é mobilizar um número suficiente de nossos neurônios reativos para ter acesso a nossa carteira!

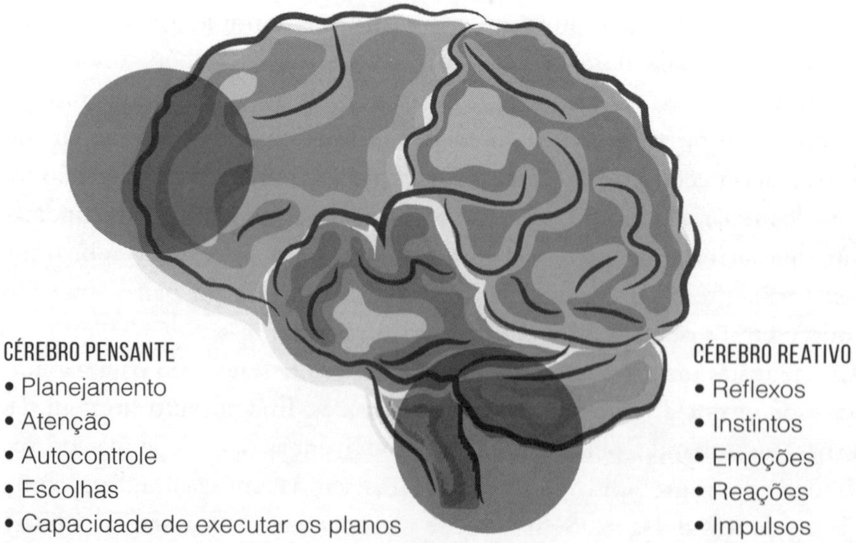

O Cérebro Pensante, ao contrário, requer mais tempo e esforço, mas é onde transcendemos nossas reações primitivas, regulamos nosso comportamento e tomamos decisões melhores sobre o que fazer. Essa é a parte do cérebro que explica por que os seres humanos conseguiram sair da caverna e criar civilizações e culturas. Nossa capacidade de escolher uma reação mais ponderada para as situações está no cerne do que é o ser humano.

O lado animador, com base nas constatações da neurociência, é que, com a prática, podemos efetivamente *reconfigurar* nosso cérebro para sermos mais *ponderados* e *exigentes* em nossas escolhas. São essas escolhas ponderadas que determinam a qualidade, a satisfação e a felicidade na vida.

SOBRE AS ESCOLHAS PONDERADAS

Então, o que tudo isso tem a ver com Kiva?

A pergunta sobre a produtividade de Kiva se fundamenta na questão mais profunda de como ela usa o cérebro. Ou melhor, você diria que ela priorizou corretamente todas as pressões e demandas por seu tempo, atenção e energia para fazer as escolhas ponderadas e de alto valor que lhe possibilitariam sentir-se verdadeiramente realizada ao fim do dia?

O mesmo princípio se aplica a todos nós. Para sermos verdadeiramente produtivos, precisamos desenvolver o hábito de sermos conscientes e ponderados em tudo o que fazemos. No mundo de hoje, não podemos simplesmente continuar no piloto automático do "Tenho uma vida ocupadíssima" e torcer para chegar ao destino pretendido.

Para sermos verdadeiramente produtivos e tomarmos essas decisões de alto valor, é interessante termos um quadro de referência e um processo. A Matriz do Tempo, da FranklinCovey, nos proporciona o quadro de referência, e o Pausar-Esclarecer-Decidir (PED), o processo.

A MATRIZ DO TEMPO™

A Matriz do Tempo, da FranklinCovey, é um dos mais antigos quadros de referência voltados para ajudar as pessoas a administrar o tempo e representa todo um modo de pensar. Ela nos ajuda a priorizar as coisas para que possamos tomar boas decisões no que diz respeito a como alocar nosso tempo, atenção e energia.

A matriz baseia-se na interação entre atividades urgentes e importantes. Veja como definimos esses termos:

- **Urgente.** Algo que *dá a sensação* de que precisa ser feito agora, independentemente de fazer diferença nos resultados.
- **Importante.** Algo que, se não for feito, terá graves consequências nos resultados.

O modelo da Matriz do Tempo mostra que as pessoas alocam tempo, atenção e energia para um de quatro quadrantes, dependendo da urgência e importância das atividades.

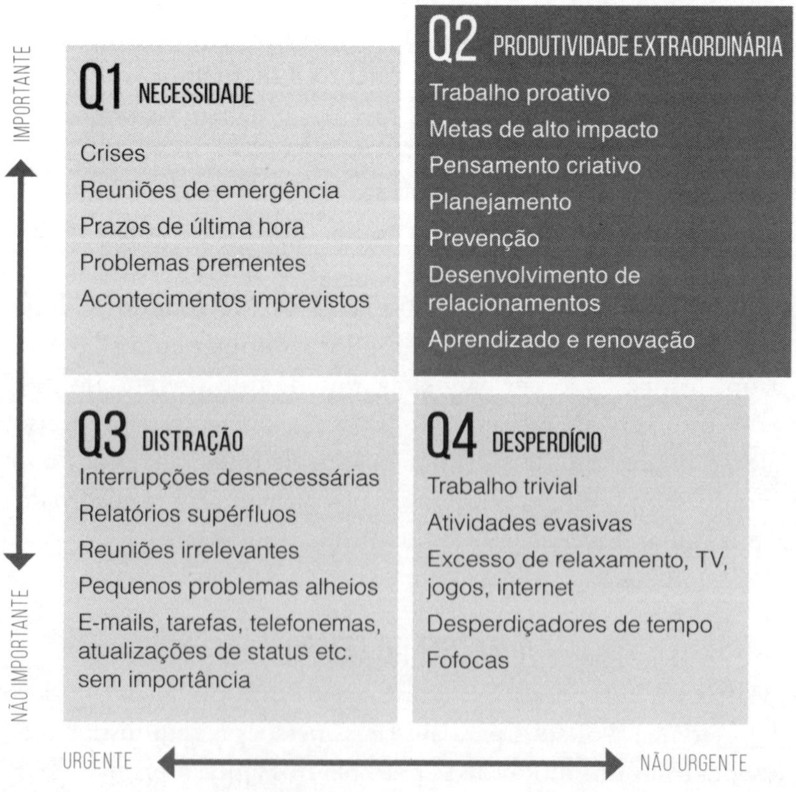

O Q1 É O QUADRANTE DA NECESSIDADE

O Quadrante 1 (Q1) contém atividades ao mesmo tempo urgentes e importantes. É repleto de crises (como uma ida ao hospital), reuniões de emergência, prazos de última hora, problemas prementes e acontecimentos imprevistos. São coisas que precisam ser feitas agora e, se não forem feitas, podem ter graves consequências. É por isso que o chamamos de *quadrante da necessidade*. As situações vêm até você – um cliente irritado telefona, um parente tem um ataque cardíaco, o servidor pifa, seu chefe precisa de alguma coisa agora ou uma grande oportunidade requer atenção imediata para ser aproveitada.

Se você passa muito tempo no Q1, pode sentir-se produtivo e energizado, mas, se passa tempo demais, também pode se exaurir. Passar todo o seu tempo envolvido no drama das crises e dos problemas prementes manterá altos seus níveis de estresse e drenará sua capacidade de raciocínio e sua energia criativa. Embora muitas vezes seja necessário entrar no Q1, raramente fazemos nosso trabalho melhor, mais criativo e de maior valor nesse quadrante, mesmo quando consideramos que é o caso.

No que se refere a investimento, normalmente começamos a receber de volta o que investimos. No entanto, o Q1 é basicamente um quadrante que não leva a lucro nem prejuízo no que se refere à atenção e à energia para ele alocadas. Você pode até receber alguma breve atenção por seus supostos atos de heroísmo, mas, no esquema geral das coisas, o Q1 não constitui bases sólidas para um sucesso duradouro.

O Q3 É O QUADRANTE DA DISTRAÇÃO

As atividades do Quadrante 3 (Q3) são urgentes, mas não importantes. Como são urgentes, a sensação é a de que elas precisam ser feitas agora, mas, na verdade, se você não as fizer, as consequências não serão graves. Nesse quadrante, encontramos interrupções desnecessárias; relatórios supérfluos; reuniões irrelevantes; pequenos problemas alheios; e-mails, tarefas, telefonemas, atualizações de status etc. sem importância.

Muitas pessoas passam muito tempo no Q3 achando que estão no Q1. Contudo, elas só estão reagindo à enxurrada de tarefas e decisões que chegam. Elas confundem movimento com avanço, ação com realização.

Se passamos muito tempo nesse quadrante, podemos nos manter ocupados, mas sem jamais realizar nada. Uma agenda cheia e uma enorme lista de afazeres não levam necessariamente a uma vida plena. Manter-se sempre ocupado pode ser uma forma de validação no nível superficial, apenas isso. O Q3 drena a atenção e a energia que poderiam estar sendo alocadas para as coisas que realmente importam e que podem fazer a diferença todos os dias tanto na vida pessoal como na profissional.

No que se refere a tempo e energia que investimos nesse quadrante, recebemos menos do que investimos. O Q3 produz um retorno negativo sobre a atenção e a energia alocadas.

O Q4 É O QUADRANTE DO DESPERDÍCIO

As atividades do Quadrante 4 (Q4) não são urgentes nem importantes. Nós o chamamos de *quadrante do desperdício*. Não deveríamos passar tempo algum no Q4, mas muitas vezes ficamos tão exauridos travando as batalhas do Q1 e do Q3 que recorremos ao Q4 como uma forma de fuga. Nesse quadrante, deixamos nosso cérebro entrar completamente no modo inconsciente e passamos o tempo com um excesso de relaxamento, TV, jogos, internet, fofocas e outros desperdiçadores de tempo.

No Q4, encontramos atividades levadas ao extremo. Um relaxamento apropriado e revigorante, por exemplo, é uma atividade de grande importância, encontrada no Quadrante 2. (Falaremos mais sobre esse quadrante a seguir.) No entanto, quando nos damos conta de que passamos dez horas de pijama no fim de semana com o controle remoto na mão assistindo a reprises de algum *reality show* do qual nem gostamos, sabemos que abandonamos o relaxamento produtivo e estamos em um território obscuro nas profundezas do Q4.

Quando passamos muito tempo no Q4, ficamos letárgicos e sem rumo. Se passamos tempo demais nesse quadrante, podemos sofrer de depressão e até entrar em desespero. Podemos nos sentir culpados, sabendo que nos beneficiaríamos mais se esse tempo fosse investido em coisas mais importantes, mas não temos energia para sair daí. Embora possamos sentir um prazer momentâneo em algumas das atividades do Q4, na verdade elas são meras calorias vazias. Elas não nutrem nossa vida, nossos relacionamentos ou nosso senso de autovalorização. O tempo e a energia que investimos nesse quadrante gera retorno zero.

O Q2 É O QUADRANTE DA PRODUTIVIDADE EXTRAORDINÁRIA

As atividades do Quadrante 2 (Q2) são importantes, mas não urgentes. Esse é o *quadrante da produtividade extraordinária*, porque é nele que assumimos o controle de nossa vida e fazemos as coisas que devem fazer uma diferença concreta no que se refere a realização e resultados. No Q2, encontramos elementos como trabalho proativo, atingimento de metas de alto impacto, pensamento criativo, planejamento, prevenção, desenvolvimento de relacionamentos, aprendizado e renovação. Ao contrário dos outros quadrantes, nos quais as situações chegam a nós, temos de optar conscientemente por ficar no Q2. Precisamos usar a parte pensante do cérebro para discernir as atividades de máximo valor e nos engajar nessas atividades.

Algumas pessoas dizem: "Sei que o ideal é ficar no Quadrante 2, mas minha realidade não me permite. Não tenho tempo para as atividades do Quadrante 2".

É mesmo?

A verdade é que, se queremos realizar um excelente trabalho e sentir que estamos contribuindo da melhor maneira possível dia após dia, não temos tempo para *não* ficar no Quadrante 2. É bem verdade que nem sempre é fácil. Requer energia e uma escolha ponderada e provavelmente nos obrigará a nos livrarmos de alguns hábitos que podem parecer não fazer muito sentido. No entanto, o empenho gera retornos extraordinários.

O tempo passado no Q2 reduz as crises e os problemas do Q1, porque você vai alocar intencionalmente um tempo para o planejamento, preparação e prevenção. Se passar um tempo no Q2, seus relacionamentos ficarão mais saudáveis, porque você investirá neles antes de ocorrer uma crise ou um evento crítico. Você será mais confiante e mais eficaz no trabalho, porque não vai esperar até a última hora para trabalhar em um projeto importante. Ficará menos estressado ao reduzir intencionalmente o tempo gasto nos Quadrantes 1, 3 e 4. Aumentará sua capacidade produtiva no longo prazo, porque estará cuidando de sua saúde e energia. E, o mais importante, saberá que está progredindo nas coisas que efetivamente agregam valor e contribuem para sua vida pessoal e profissional dia após dia. O trabalho mais ponderado, criativo e proativo que tem o poder concreto de revolucionar sua vida é encontrado no Q2.

O resultado é que o tempo e a energia investidos nesse quadrante geram retornos muito mais altos, até exponencialmente mais altos, do que o investimento. É por isso que o Q2 é o quadrante da produtividade extraordinária.

QUAL É SEU RETORNO SOBRE ESTE MOMENTO?

Na introdução, mencionamos um estudo global conduzido no decorrer de seis anos voltado para investigar o modo como as pessoas passam o tempo. Veja como os dados são distribuídos nos quatro quadrantes da Matriz do Tempo:

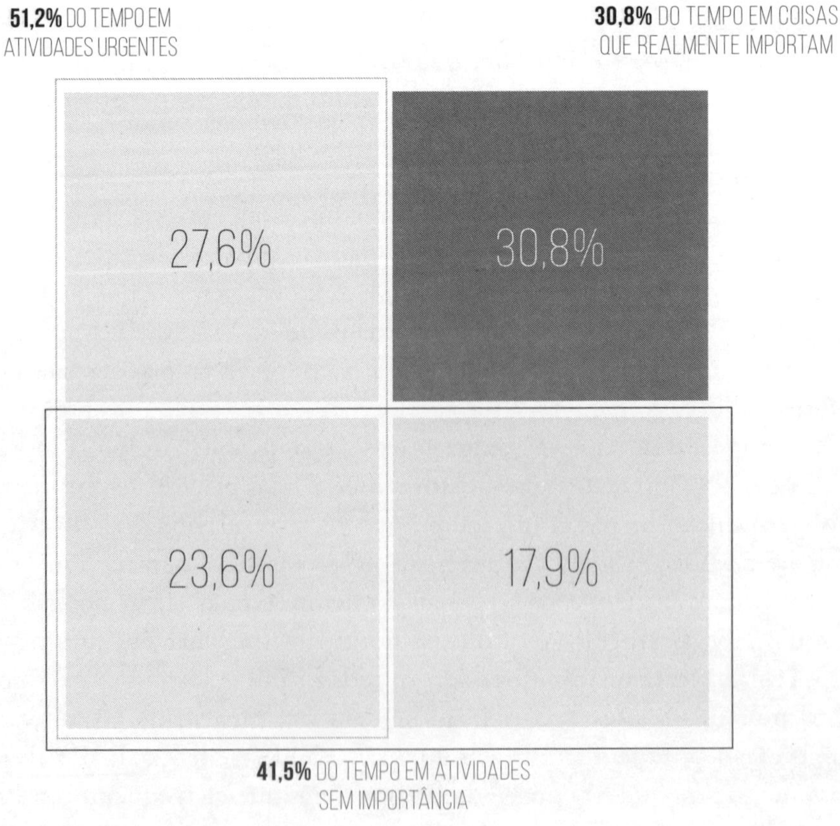

Se essa fosse a carteira de investimentos de tempo e energia de sua vida, onde você preferiria investir? E se pudesse aumentar o tempo passado no Q2, mesmo em apenas alguns pontos percentuais?

Faça uma análise objetiva dos números. Tendo em mente a metáfora do investimento que aplicamos à Matriz do Tempo, responda: "Qual é meu retorno sobre este momento?".

- Q1 = Nem lucro nem prejuízo
- Q3 = Retorno negativo
- Q4 = Retorno zero
- Q2 = Retorno exponencial

A chave para a produtividade extraordinária é aplicar conscientemente o modelo da Matriz do Tempo para avaliar sua vida. Trata-se de uma decisão de investimento, uma alocação ponderada de seu tempo, atenção e energia. Onde você terá o maior retorno?

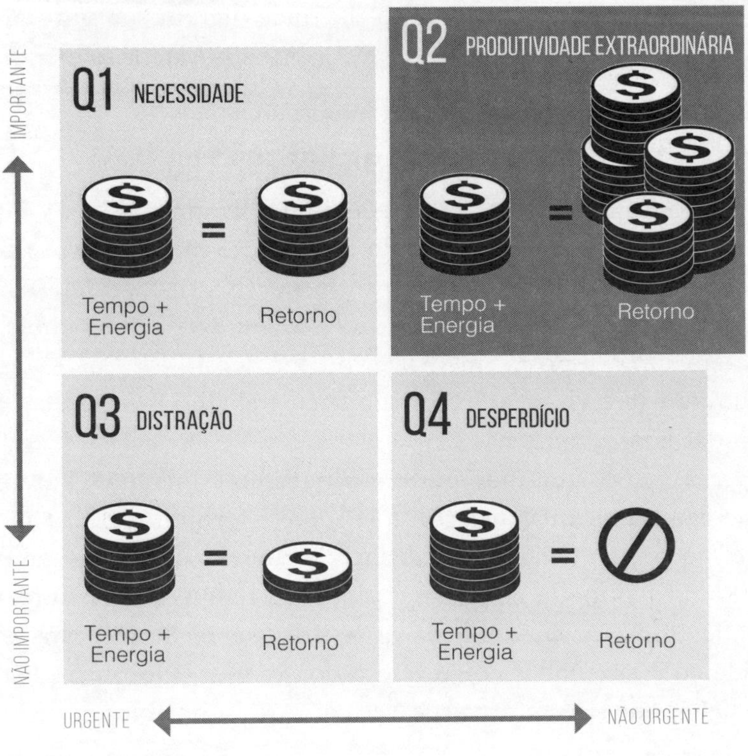

Voltando à história de Kiva, se ela está ocupada no trabalho e recebe um telefonema dizendo que seu irmão acabou de sofrer um grave acidente de carro e que ela deve ir ao hospital, a tarefa é ao mesmo tempo urgente e importante. Precisa ser realizada imediatamente, e ignorá-la provavelmente trará graves consequências. Para Kiva, é uma atividade do Q1. Ela larga o trabalho e vai correndo ajudar o irmão.

Em contrapartida, se Kiva está ocupada no trabalho e soa um alerta sonoro no computador avisando que alguém mandou uma piada, a mensagem pode parecer urgente (porque *dá a sensação* de que requer uma resposta), mas na verdade não é importante (não haverá consequências graves se ela deixar a mensagem na caixa de entrada por um tempo), de modo que a mensagem pertence ao Q3. Como Kiva gosta de piadas, se não tomar cuidado, pode acabar se deixando distrair pelo e-mail. No entanto, se ela ponderar o e-mail aplicando o modelo da Matriz do Tempo, perceberá que o projeto em que está trabalhando é muito mais importante, de modo que permanecerá no Q2, focada no projeto.

Essa decisão consciente e vigilante tomada com a ajuda da Matriz do Tempo fará uma enorme diferença dia após dia em sua vida, gerando maior retorno sobre o investimento de seu tempo, atenção e energia.

DÊ UMA BOA OLHADA NO ESPELHO

Neste ponto você pode estar pensando: "Bom, tudo isso é muito lindo, mas quem deveria estar lendo este livro é meu chefe! Se dependesse de mim, eu ficaria o tempo todo no Q2, mas grande parte do meu trabalho está fora do meu controle. Se eu deixar meu chefe ou os outros sem uma resposta imediata, vou ser demitido! Então, em qual quadrante eu deveria ficar? Tudo no meu trabalho é urgente. Não dá para mudar isso".

Às vezes, parece que tudo em nosso trabalho é inerentemente urgente e que não temos qualquer controle sobre isso. Sim, concordamos que seu chefe e seu ambiente de trabalho desempenham um grande papel em determinar o modo como você aloca seu tempo. No entanto, já que nos propusemos dar uma olhada no espelho, é melhor encará-lo. Você provavelmente faz muitas coisas que o colocam no Q3 ou no Q1 – ou até no Q4 – que não têm nada a ver com os outros. Nossas pesquisas e experiência demonstram que até as pessoas com descrições de cargo bastante inflexíveis ou aquelas que trabalham em empregos caracterizados por uma alta proporção de urgências, como o pronto-socorro de um hospital ou um centro de atendimento ao cliente, podem fazer muito para retomar parte do controle de seu tempo, atenção e energia e direcionar mais desses fatores às atividades do Q2.

Em resumo, você pode não ser capaz de mudar seu chefe, mas pode mudar a si mesmo. E, se der um jeito em sua vida, conseguirá efetivamente influenciar seu chefe. Mesmo que não consiga, ainda vai sair ganhando se passar mais tempo no Q2.

Vamos analisar algumas das coisas que nos forçamos a fazer e que nos impedem de entrar no Q2. Para tanto, precisamos voltar à análise de nosso cérebro.

O VÍCIO EM URGÊNCIA

Falamos anteriormente sobre duas partes básicas de nosso cérebro: o Cérebro Pensante e o Cérebro Reativo. Também dissemos que é no Cérebro Reativo que vivenciamos os instintos de luta e fuga e as sensações de prazer. Acontece que os circuitos de prazer de nosso cérebro são fundamentais para explicar *por que* tendemos a buscar coisas urgentes, podendo até nos viciar na urgência.

A maioria dos vícios atua no mesmo neurotransmissor básico do cérebro: a dopamina.[2] A cocaína, por exemplo, atua inibindo a absorção da dopamina no cérebro, de modo que a substância química permanece lá por mais tempo, produzindo uma euforia artificial que o cérebro não é naturalmente equipado para produzir ou regular.

Em um contexto normal, a dopamina é uma excelente substância química e nos ajuda a vivenciar os prazeres naturais da vida.[3] Ela nos dá energia para sair da cama e seguir adiante e também nos ajuda a concentrar nossa atenção nas coisas importantes para nós. Os níveis de dopamina se elevam em nosso cérebro quando fazemos um excelente trabalho, quando realizamos coisas que importam, quando avançamos na vida. No entanto, como a dopamina está envolvida na produção de prazer, algo do qual nosso cérebro gosta, podemos começar a buscar atividades simplesmente porque elas produzem dopamina, independentemente de serem ou não efetivamente úteis ou produtivas.[4]

Poderíamos, por exemplo, criar um falso senso de urgência em uma tarefa, nos empolgar para fazê-la e eliminá-la com grande satisfação de nossa lista de afazeres só para termos um senso de realização, sem ao menos perguntar se a tarefa precisava mesmo ser feita! Você já anotou em uma lista de tarefas alguma coisa que já tinha feito só para eliminá-la da lista? (Seja sincero! É essa mesma dose de dopamina que você está buscando!)

A ideia do vício em urgência se baseia no fato de que gostamos da emoção de fazer coisas e eliminá-las da lista de tarefas, de modo que começamos inconscientemente a buscar tarefas para eliminar, mesmo que elas não tenham importância. Podemos até ficar incomodados ou inquietos se não estivermos ocupados eliminando alguma tarefa da lista ou fazendo alguma coisa. Podemos até começar a ansiar pela constante agitação de nossa vida a ponto de termos muita dificuldade de parar e pensar por mais tempo.

Esse é um caminho garantido para acabar no Q3, onde passamos nosso tempo recebendo doses de dopamina enquanto trabalhamos em tarefas que na verdade não têm valor algum. Para os profissionais do conhecimento, para quem é importantíssimo tomar decisões de alto valor, o Q3 não é o melhor lugar para ficar.

Como todos os vícios, o senso de urgência pode ser agradável no momento, mas, quando nos distanciamos um pouco e nos damos conta do que fizemos, acabamos nos sentindo mal. Às vezes evitamos perceber isso simplesmente nos mantendo ocupados o tempo todo. Com essa atitude, não precisamos olhar para o que estamos fazendo para verificar se a atividade realmente importa. Isso nos impede de confrontar a realidade sobre o modo como alocamos nosso tempo, atenção e energia.

Como a popular autora Brené Brown afirma, "somos uma cultura de pessoas que aceitam a ideia de que, se nos mantivermos ocupados o suficiente, nunca vamos precisar encarar as verdades de nossa vida".[5] Caramba!

UMA CULTURA DE EXCESSO DE ATIVIDADE

Ainda mais assustador é o fato de o excesso de atividade ter se tornado um símbolo social e psicológico para expressar nosso valor. Pergunte aos colegas do escritório como vão. Eles normalmente dirão algo como: "Estou ocupadíssimo. E você?". E você responderá algo como: "Ah, sim, estou com trabalho até o pescoço". Então vocês assentirão com a cabeça em solidariedade, tendo executado o ritual de confirmação mútua que nossa cultura aceita como validação de seu valor no trabalho e como ser humano.

A implicação disso é que, se você estiver ocupado, isso quer dizer que alguém deve precisar de você para alguma coisa, de modo que você deve ter algum valor. Quanto mais ocupado estiver, mais deve ser necessário. É a declaração existencial do século 21: "Estou estressado, logo existo". Certa vez nos perguntaram: "Se eu não estou ocupado, então sou o quê?". Uma questão de fato importantíssima!

Quando fazemos isso uns com os outros no trabalho, criamos uma cultura de correria e urgência e não de realização e produtividade extraordinária. Fomos socializados a pensar que tudo precisa ser feito agora, o que não é verdade.

É RUIM SER OCUPADO?

Não estamos dizendo que é ruim ser ocupado. O Q2 pode ser um espaço de muita ocupação, por estar repleto de atividades empolgantes, impactantes e de alto valor. O problema não é se ocupar com grandes realizações. Na verdade, esse é um dos prazeres de uma vida significativa. O problema é quando a correria, e não a realização, passa a ser o objetivo.

A função natural dos centros de prazer do cérebro é nos recompensar quando fazemos coisas úteis e produtivas. É justamente por isso que esses centros existem. No entanto, eles só funcionam corretamente quando orientados conscientemente pelo Cérebro Pensante. É o Cérebro Pensante que nos ajuda a discernir as coisas que de fato merecem nossa atenção e energia. Quando não utilizamos nosso Cérebro Pensante para fazer escolhas ponderadas, nosso Cérebro Reativo pode nos levar rapidamente a lugares que não geram valor algum e podem até prejudicar nossa vida.

Quando vivemos no Cérebro Reativo, fazemos coisas que nos afastam da produtividade de alto retorno do Q2 e nos aproximam da produtividade de baixo retorno dos Quadrantes 1, 3 e 4, que drenam nossa energia, atenção e tempo.

O QUE VOCÊ FAZ QUE O COLOCA NO Q1 OU NO Q3?

O resultado disso tudo é que, quando somos viciados em urgência, podemos facilmente nos desviar para o Q1 ou o Q3 sem nos dar conta de que somos nós que estamos fazendo isso. Veja como essa situação costuma se manifestar:

- **Quando dizemos: "Eu rendo mais sob pressão!".** O que na verdade estamos dizendo nesse caso é que precisamos da adrenalina do senso de urgência para nos manter focados, porque somos incapazes de fazer isso por conta própria. Como essa atitude nos leva a depender de pressões externas para gerar o que deveria ser uma motivação interna, tendemos a entrar em um modo falso de crise, esperando que o prazo final fique iminente e induzindo essa dose química em nosso cérebro para conseguirmos avançar. O problema é que na verdade raramente rendemos mais sob pressão. Podemos nos empenhar e acabar conseguindo dar conta do recado, mas o tipo de pensamento de qualidade que os excelentes resultados requerem costuma ser impossível quando o prazo final se aproxima. A alternativa é aprender a gerar atenção de maneira consciente, natural e interna, quando ainda temos tempo suficiente para realizar um excelente trabalho.

  Pare um pouco para pensar. Você costuma dizer que rende mais sob pressão? Por que diz isso? Quais são as consequências em sua vida e na qualidade de seus resultados?
- **Quando procrastinamos.** A procrastinação é outro daqueles ladrões comuns e autoimpostos do tempo do Q2. Às vezes, procrastinamos porque não conseguimos reunir motivação interna suficiente por conta própria, de modo que esperamos a aproximação do prazo final. Outras vezes, a procrastinação resulta do medo do fracasso ou da incerteza sobre o que fazer. Assim, esperamos até que o medo mais intenso do prazo final ou outra consequência grave nos force a avançar. Podemos passar anos ou até décadas adiando coisas importantes (como cuidar da saúde e nos exercitar) até que uma crise concreta nos obriga a repensar nossa atitude.

  Se você mora nos Estados Unidos, em que dia costuma pagar os impostos, que vencem em 15 de abril? Você pode ter boas intenções e planejar enviar logo sua declaração, em 15 de fevereiro. Seria uma tarefa importante, não urgente, uma atividade perfeita do Quadrante 2. No entanto, os dados revelam que quase metade de todos os contribuintes norte-americanos (41%) esperam até as quatro últimas semanas da temporada de impostos para declarar a renda e 27% deixam para entregar a declaração só nas duas últimas semanas antes do prazo final. Muitas pessoas esperam até a véspera do prazo, entrando na fila dos correios à meia-noite de 14 de abril!

Se você opta por procrastinar, o que faz na prática é pegar uma atividade perfeitamente boa do Q2 e adiá-la até ela se transformar em uma crise do Q1. É você que leva o Q1 a ficar maior do que o necessário, causando um estresse desnecessário e noites em claro.

Pense um pouco a respeito. Você sempre se vê adiando coisas importantes até o último minuto? Que coisas são essas? É uma escolha consciente ou uma manobra evasiva inconsciente? Como essa atitude afeta a qualidade de seus resultados? Reconfigurar seu cérebro para agir enquanto as atividades ainda estão no Q2 possibilitará resultados de qualidade superior ao mesmo tempo que reduzirá o tamanho e o escopo de alguns itens do Q1 extremamente estressantes.

- **Quando nos transformamos em conciliadores.** Às vezes, em nossa ânsia de ajudar os outros, podemos incorporar dependência e fraqueza ao relacionamento, de modo que as pessoas sempre nos procuram para fazer coisas que elas mesmas deveriam fazer, posicionando-nos diretamente no Quadrante 3.

Imagine o ambiente de um escritório em que uma nova política é salva em um disco compartilhado na rede interna da empresa. Bob precisa acessar a política, mas não tem ideia de onde encontrá-la. Ele sabe que Steve tem facilidade com computadores e lhe pergunta onde está o documento. Steve responde: "Está no disco compartilhado". Entretanto, por ser algo fácil de fazer, ele também diz: "Pode deixar que eu mando por e-mail para você". Bob exclama: "Que bom!" e volta a sua mesa. No caminho, Janet aborda Bob e pergunta se ele sabe onde está a nova política. Bob responde: "Sei, sim! Está no disco compartilhado, mas é muito mais fácil pedir ao Steve. Ele manda por e-mail para você". Em pouco tempo, Steve acaba sendo informalmente encarregado de acessar arquivos no disco compartilhado e enviá-los a todos os colegas do escritório.

Bem, por um tempo, Steve pode até gostar da nova atribuição, sentindo-se útil e validado (dopamina!). No entanto, chega um ponto em que ele acaba consumindo um tempo considerável em fazer para os outros o que eles deveriam fazer sozinhos. E, mais importante, consome um tempo que deveria estar usando para obter resultados no próprio trabalho.

Não estamos afirmando que não é bom ser prestativo, tampouco recomendando que você se recuse a trabalhar em equipe, mas, quando você cria um padrão de acomodação, também está criando um padrão de dependência e fraqueza. Uma abordagem muito melhor para Steve seria informar: "Está no disco compartilhado, na pasta *Políticas e Procedimentos*" e deixar por isso mesmo. Se Bob tivesse dificuldade de acessar o arquivo, Steve poderia dizer: "Vou mostrar como fazer para você conseguir acessar os arquivos sozinho da próxima vez". Desse modo, Steve manteria a tarefa em seu devido lugar e evitaria o Q3.

Reflita um pouco a respeito. Você consegue pensar em casos em que é condescendente com as pessoas quando não deveria? Por que faz isso? Consegue pensar em uma forma de ensinar as pessoas, com profissionalismo e cortesia, a se virar no trabalho? Enquanto você ajuda as pessoas, quais atividades do Quadrante 2 começam a se aproximar do Quadrante 1?

- **Quando temos medo de dizer não.** Às vezes acabamos no Q3 ou no Q1 porque temos dificuldade de dizer não às pessoas, mesmo quando isso é a melhor coisa a fazer. Pode ser pelo receio de sermos vistos como fracos ou incapazes. Pode ser por causa do desejo de agradar. Pode ser pelo medo do isolamento ou pelo desejo de evitar confrontos. Pode ser simplesmente porque nos falta a energia mental para encarar a potencial discussão resultante. Seja qual for a razão, essas emoções e sentimentos provêm do Cérebro Reativo.

Você provavelmente conhece pessoas tão ansiosas para se dar bem com todo mundo ou evitar conflitos que dizem sim a praticamente qualquer coisa. Isso pode aplicar-se às inúmeras pequenas distrações que acabam tomando a vida dessas pessoas ou a grandes projetos que nunca deveriam ter sido empreendidos. Pessoas ansiosas demais para agradar ou evitar confrontos podem se iludir com avaliações otimistas demais de sua capacidade de fazer as coisas acontecerem. Ironicamente, isso muitas vezes resulta em uma decepção ou um conflito ainda maiores mais adiante.

Pior ainda, se essas pessoas ocupam cargos de gestão, elas podem lançar equipes inteiras em projetos mal concebidos do Q3, que consomem o tempo de todos, mas geram poucos resultados expressivos.

Se você arruma a própria casa antes, fica mais fácil dizer não de maneira a evitar ser demitido ou entrar na lista negra de alguém. Mantenha sua agenda sempre à mão para poder usá-la sistematicamente como um roteiro ao longo do dia ao decidir onde alocar seu tempo e energia. Se achar que precisa negar alguma coisa, tente usar frases como:

> "Estou trabalhando em uma tarefa importantíssima agora, mas terei um tempo mais ou menos daqui a duas horas. Você vai estar livre ou quer marcar outro horário?"

> "Você sabe que sempre estou disposto a ajudar, mas já tenho um programa marcado com meu cônjuge/companheiro. Vamos pensar juntos em outras opções para realizar essa tarefa."

> "Parece que minha presença não será necessária nessa reunião. Tudo bem se eu não comparecer?"

> "Podemos conversar sobre nossos e-mails e mensagens de texto? Só quero me certificar das expectativas quando recebo e-mails ou mensagens de texto à noite. Quero confirmar que responderei de manhã, assim que possível. Tudo bem?"

> "Sei que ajudei nesses projetos antes, mas posso não ser a melhor pessoa nesse caso e isso me impede de focar outras metas importantes. Que tal discutirmos algumas opções para garantir que meu tempo seja usado da melhor maneira possível?"

Esses exemplos podem não se adequar a seu estilo ou a sua situação específica, mas você vai acabar obtendo grandes dividendos se conseguir pensar em algumas frases com as quais se sinta à vontade. Pode até ser interessante praticá-las antes, para se sentir mais confiante quando chegar a hora de usá-las. O importante é ter a coragem de recusar com educação, mas com firmeza, os Q1s e Q3s desnecessários que podem desviá-lo das atividades que prometem gerar maiores resultados.

Mas sejamos sinceros. Às vezes você precisa entrar no Q1 ou se engajar em atividades que acha que se encaixariam melhor no Q3 só porque o chefe mandou. Quando isso acontecer, tenha em mente que ele não acorda todo dia de manhã decidido a pensar em novas maneiras de tirá-lo de suas tarefas; ele também é pressionado a apresentar um bom desempenho. O mais provável é que o considera uma pessoa capaz e competente a quem pode confiar uma tarefa. Tudo isso é muito bom e até o faz se sentir valorizado, mas, quando começa a se impor de maneira confiante, profissional e respeitosa, você pode conseguir recusar ou redirecionar alguns dos Q1s e Q3s que surgirem pelo caminho. Ao fazer isso, você pode até ajudar seus colegas a se conscientizar mais do que fazem e de como estão (ou não!) contribuindo para os resultados. Quando você toma essa atitude, todo mundo sai ganhando!

Pense um pouco. Você se sente à vontade dizendo não quando necessário? Tende a evitar confrontos a ponto de encher sua vida pessoal e profissional de atividades do Q3 que o impedem de se dedicar a coisas mais importantes?

Essas são algumas das razões mais comuns pelas quais as pessoas entram no Q1 e no Q3. Tenha em mente, porém, que não importa se a motivação é o prazer, o medo, o estresse ou o desejo de evitar confrontos, todas recebem um incentivo químico em nosso Cérebro Reativo. A menos que sejamos capazes de nos manter conscientes e atentos, tendemos a nos desviar para esses incentivos químicos de curto prazo e a nos afastar das importantes prioridades do Q2.

O Q2 também tem seus incentivos químicos, só que você precisa escolher deliberadamente as atividades desse quadrante para ter o "barato" de longo prazo da realização e da contribuição concretas.

Por nossa experiência, o Q3 é o melhor lugar para retomar o controle de parte do seu precioso tempo, atenção e energia e redirecioná-la ao Q2.

Faça uma pausa para pensar a respeito. O que você poderia começar a fazer diferente, a partir de hoje, para retomar o controle de parte desse tempo do Q3?

E O Q4?

As razões pelas quais entramos no Q4 normalmente são opostas ao Q1 e ao Q3. Às vezes, ficamos tão exauridos com todo o tempo passado em modo de urgência que sentimos que precisamos parar tudo e nos recuperar. Quando isso acontece, saímos em busca de algumas doses fáceis de dopamina que não requerem muita energia, mas que nos dão um "barato" temporário, e nos voltamos às atividades excessivas ou desperdiçadoras de tempo do Q4.

É importante, contudo, deixar claro que a verdadeira renovação é importantíssima e, como dissemos anteriormente, uma atividade vital do Q2. E o que é renovador para uma pessoa pode não ser para outra. Por exemplo, muitas das coisas que em geral consideramos desperdício de tempo – jogos de computador, mídias sociais, ver TV e assim por diante – podem ser atividades renovadoras válidas para algumas pessoas, de maneira que não seria correto simplesmente colocar todas elas em um só grupo e rotulá-las de "desperdiçadoras de tempo".

Tão importante quanto o que você faz são as razões pelas quais você está nesse quadrante e quanto tempo você passa engajado em determinada atividade. O que começa como uma atividade renovadora do Q2 pode rapidamente se deteriorar para uma atividade do Q4 se você não tomar cuidado.

> Uma mulher nos contou que chegou exausta em casa depois de várias semanas viajando a trabalho. No sábado de manhã, ela dormiu até mais tarde e se jogou no sofá para assistir a uma de suas séries favoritas na TV. Em geral, ela considera que ver um ou dois episódios é uma atividade agradável e renovadora, mas, naquele dia, ela estava exaurida e ficou largada no sofá assistindo a episódio após episódio enquanto negligenciava importantes relacionamentos em casa. (O primeiro sinal de que isso estava acontecendo foi de repente notar seu cachorro olhando fixamente para ela com cara de quem dizia "Por que você está me ignorando assim?".)

Ela sabia que essa atitude acarretaria consequências em seus relacionamentos que ela teria de resolver depois (e definitivamente foi o que aconteceu), mas tinha se permitido ficar, por um tempo, literalmente presa no Q4.

Essa foi uma lição dolorosa sobre a Matriz do Tempo e sobre levar uma vida equilibrada.

A Matriz do Tempo pode ser seu sistema de responsabilização pessoal. Só você é capaz de saber em que quadrante está, porque os rótulos dependem unicamente do que realmente importa para você. Então, como você pode saber quando se desviou e entrou no Q4? O segredo é manter um diálogo interior sincero e ponderado sobre o que está fazendo. Você pode responder a perguntas como:

- Essa atividade é de fato renovadora? A atividade está aumentando ou esgotando minha energia?
- Eu perdi a noção do tempo e passei tempo demais nessa atividade?
- Essa atividade está cultivando relacionamentos importantes ou me afastando deles?
- Estou envolvido demais nessa atividade?
- Que preço devo pagar, no que se refere a coisas mais importantes que deixo de fazer, se passar meu tempo nessa atividade?

A CAPACIDADE ESSENCIAL DE ENTRAR NO Q2: PAUSAR-ESCLARECER-DECIDIR

Para entrar no Q2, é fundamental pausar seu Cérebro Reativo por tempo suficiente para discernir as tarefas que chegam até você e decidir se elas de fato valem a alocação de seu tempo e energia. Chamamos esse processo vital de Pausar-Esclarecer-Decidir (PED).

Nossa capacidade de fazer isso entra em jogo na hora da escolha, quando decidimos conscientemente nos envolver ou não em alguma atividade. Aplicar o PED implica apenas parar brevemente para responder à pergunta: "Essa atividade é importante?". Esse simples processo nos ajuda a obter o retorno desejado sobre o momento.

A HORA DA ESCOLHA

É IMPORTANTE?

(PAUSAR, ESCLARECER, DECIDIR)

Como dissemos antes, não é assim que nosso cérebro é naturalmente configurado para funcionar. Já sabemos que somos programados para reagir imediatamente às coisas que interessam a nosso Cérebro Reativo e que prometem uma dose de dopamina. No entanto, é justamente esse ato de pausar antes de agir que possibilita a realização humana. Do contrário, ainda estaríamos correndo seminus pela floresta atentos à aproximação de tigres.

Mas não se preocupe! A boa notícia é que você já faz isso o tempo todo. Faz isso quando acorda e decide o que comer no café da manhã; quando chega a uma encruzilhada na estrada e decide que caminho trilhar. Para tomar milhares de decisões diferentes – e muitas delas você já exercitou tanto que se tornaram praticamente automáticas –, você pausa por um momento e escolhe uma coisa ou outra. O segredo é pegar essa habilidade que você usa tão bem em algumas situações e aplicá-la a outras áreas nas quais, até agora, você pode não ser tão ponderado.

Munido da Matriz do Tempo, você tem um quadro de referência para ajudá-lo a discernir se algo é ou não importante. Quando surge alguma situação, pergunte-se: "Isso está em qual quadrante?". Com a resposta a essa pergunta, você consegue tomar uma decisão melhor sobre o que fazer a respeito.

Se precisar de mais ajuda para classificar a atividade em um quadrante da Matriz do Tempo, pode ser interessante fazer, a si mesmo ou aos outros, perguntas adicionais como:

- Quando isso realmente precisa ser feito?
- Como isso afetará o projeto no qual estamos trabalhando?
- Existe algum outro recurso ou método para realizar essa tarefa?
- Onde essa atividade se encaixa em relação a minhas outras prioridades?

Fazer perguntas esclarecedoras emprega seu Cérebro Pensante, o que melhora sua capacidade de discernir.

Sem dúvida, o processo PED será mais eficaz quando os outros estiverem remando na mesma direção que você. Que bom seria se sua organização inteira tivesse uma cultura do Q2, com as pessoas aplicando o processo Pausar-Esclarecer-Decidir antes de aceitar uma responsabilidade ou delegar uma atividade a você!

Mas, mesmo que sua organização não seja assim, você tem como criar uma cultura do Q2 com as pessoas a seu redor, no trabalho ou até em casa.

COMO CRIAR SUA CULTURA DO Q2

Todo mundo tem uma cultura – para cima, para baixo ou para os lados –, mesmo que só você e seu chefe ou você e um colega estejam envolvidos.

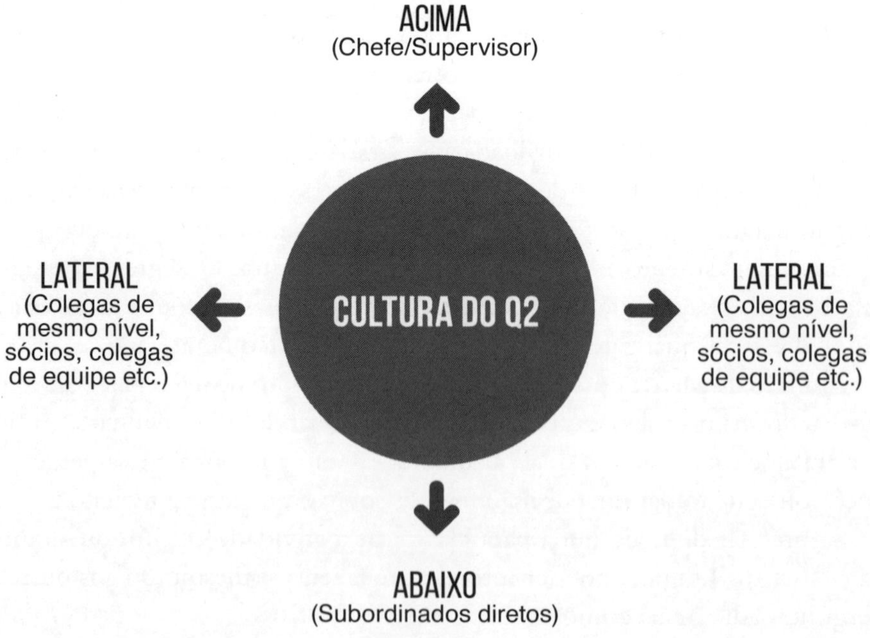

Para criar uma cultura do Q2 a seu redor, é preciso desenvolver um quadro de referência (a Matriz do Tempo) e um vocabulário (Q1, Q2, Q3, Q4 e Pausar-Esclarecer-Decidir) compartilhados, o que lhes possibilitará ponderar sobre o que vocês estão fazendo e focar conscientemente a atenção e a energia nas atividades que terão o maior impacto.

Veja como você pode fazer isso:

1. **Compartilhe a Matriz do Tempo.** Descreva o que você entende como Matriz do Tempo com as pessoas a seu redor. Converse com seu chefe e colegas e faça um esboço da Matriz do Tempo para eles verem. Pergunte quais tarefas, projetos ou outras atividades pertencem a cada quadrante. As pessoas podem se surpreender quando perceberem quanto tempo é alocado a atividades menos importantes. Também não deixe de ensinar o processo Pausar-Esclarecer-Decidir.
2. **Use o vocabulário.** À medida que você e seus colegas passarem a se referir à Matriz do Tempo no trabalho, você vai começar a ouvir as pessoas usando frases como "Isso é um Q1? Eu preciso fazer isso agora?", "Isso é um Q3? Será que precisamos mesmo fazer isso?", "Acho que estou no Q4. O que posso fazer para sair desse quadrante?" e "Esta é uma prioridade do Q2. Precisamos alocar mais tempo para ela".

   Esse vocabulário em comum ajuda as pessoas a decidir quanto empenho investir em uma tarefa. Quando você vir as pessoas enviando e-mails umas às outras dizendo "Este é um verdadeiro Q1", vai saber que a cultura está começando a mudar.
3. **Usem o Pausar-Esclarecer-Decidir juntos.** Quando você e outra pessoa estiverem tentando decidir o que fazer, diga algo como: "Vamos fazer uma pausa para esclarecer o que é mais importante. Com isso, poderemos decidir o que focar". Quando você efetivamente diz não a alguma coisa em favor de outra, esse padrão acaba ganhando cada vez mais validação em seus relacionamentos e em sua cultura profissional.

Ao trabalhar em equipe, você tem de encontrar maneiras de fazer perguntas que sejam adequadas a seu estilo pessoal. Isso pode exigir alguma prática, mas vai valer muito a pena.

SE VOCÊ É O CHEFE

Se você é o líder de uma equipe, tem a obrigação de ajudar as pessoas a focar o que mais importa. Esse é seu trabalho. O lado bom é que você também pode ter um impacto desproporcional sobre a cultura de sua equipe. Por exemplo, se você reservar um tempo em uma reunião da equipe para ensinar a Matriz do Tempo e o processo Pausar-Esclarecer-Decidir e apresentar alguns exemplos de perguntas esclarecedoras relevantes para sua equipe, estabelecerá bases sólidas para direcioná-la ao Q2.

Se garantir que os conceitos estão sendo colocados em prática e permitir a seu pessoal questionar e reorganizar o trabalho, a cultura do Q2 se concretizará. Se não permitir que as pessoas mudem o foco, o resultado será desencanto e desânimo. Pior ainda, se sair por aí lançando bombas do Q1 e do Q3 no colo de todos, não se surpreenda se eles revirarem os olhos (literal ou figurativamente) quando você lhes pedir que foquem suas metas.

Parte da função de um líder é reconhecer a própria responsabilidade no desenvolvimento da cultura da equipe. Se você levar a sério a proposta de se direcionar ao Q2, deve fazer a si mesmo algumas dessas perguntas:

1. Todo mundo sabe com clareza quais são as metas e prioridades da equipe?
2. O que estou fazendo (falta de planejamento, preparação etc.) que coloca as pessoas em modo de crise? (Q1)
3. Estou pedindo a alguém que faça coisas que deveriam ser feitas por outra pessoa? (Q3)
4. Estamos usando relatórios, processos ou sistemas desatualizados e que deixaram de ser necessários, mas que mesmo assim continuam tomando nosso tempo? (Q4)
5. Estou criando um ambiente seguro no qual as pessoas têm a liberdade de questionar e mudar o próprio trabalho para promover o atingimento de nossas metas?
6. Eu incentivo minha equipe a fazer uma pausa e discernir o valor e o impacto de um novo projeto ou atribuição antes de mergulhar na execução da tarefa?

SE VOCÊ NÃO É O CHEFE

Se você não é o líder de sua equipe, não se preocupe. Você também pode criar uma cultura do Q2 com seus colegas e até com seu superior, como ilustra a história a seguir.

> Laura tinha um daqueles chefes difíceis. Ele não parava de lhe passar novas atribuições, até que ela começou a não dar conta. Laura percebeu que alguma coisa precisaria mudar ou ela teria de pedir demissão, explodir... ou os dois! Diante dessa situação, chamou o chefe para uma conversa e pediu a ajuda dele para determinar as prioridades de todas as atribuições dela. Ela sugeriu que eles utilizassem a Matriz do Tempo como uma forma de categorizar suas tarefas.
>
> À medida que percorria a lista de atribuições de Laura, o chefe colocava uma a uma no Q1, como se todas fossem importantes e tivessem de ser feitas na hora!
>
> Mas o chefe não era nada bobo. Ao ver a lista, ele se deu conta de que Laura não tinha como realizar com eficácia todas as tarefas que lhe foram incumbidas. Assim, juntos, eles decidiram a quais quadrantes as tarefas deveriam ser atribuídas, com foco no Q2.
>
> Eles usaram perguntas esclarecedoras, como: "Quando é que isso de fato precisa ser feito?", "Como essa atividade pode afetar nosso desempenho financeiro?" e "E se deixássemos para fazer isso só no mês que vem?". Com isso, conseguiram elaborar um plano mais razoável tanto para ela como para ele.
>
> E a coisa não parou por aí. O chefe de Laura começou a usar os conceitos e o vocabulário com ela e com o resto da equipe. Em questão de meses, eles já tinham um quadro de referência – a Matriz do Tempo – e um vocabulário em comum que os ajudaram a fazer escolhas melhores.
>
> Laura também aplicou a abordagem com dois colegas, com resultados semelhantes.

Mesmo que suas ações para instituir uma cultura do Q2 evoluam de maneira diferente desse exemplo, as pessoas, segundo nossa experiência, não demorarão a aceitar o modelo e o vocabulário quando perceberem quantos benefícios isso pode trazer.

Reservar um tempo para alicerçar a mentalidade de prioridades entre o pessoal do trabalho pode ter um enorme impacto sobre sua própria capacidade de controlar onde você aloca seu tempo e energia.

VOLTANDO AO EXEMPLO DE KIVA... AFINAL, ELA É OU NÃO PRODUTIVA?

Começamos este capítulo observando um dia típico de Kiva e levantamos a pergunta: "Ela é produtiva?".

Apesar de só termos abordado a Escolha 1, já podemos analisar algumas de suas atividades ao longo do dia e decidir se elas pertencem ou não ao Q2, assim como ver em que aspectos a mentalidade do Q2 pode ajudá-la a mudar radicalmente o modo como aloca seu tempo, atenção e energia.

- **Os e-mails matinais.** Em vez de se levantar e ir se exercitar de manhã como tinha planejado, Kiva, ainda na cama, pegou o celular, consultou os e-mails da noite anterior, resolveu alguns para obter uma rápida dose de dopamina e, 45 minutos depois, se levantou apressada para começar o dia. Essa atividade nos parece pertencer mais ao Q3.
- **As roupas amarrotadas.** Pode ser apenas um pequeno detalhe que, em última análise, não faria tanta diferença na qualidade do dia de Kiva (a menos que ela tivesse uma reunião com um cliente importante), mas quem é que já não teve esse estresse desnecessário de manhã? Lavar e passar as roupas antes do tempo teria colocado Kiva no Q2, mas agora ela está no Q1, tentando descobrir como minimizar as consequências de não ter se adiantado à necessidade.
- **O café da manhã apressado.** Muita gente pode até se virar só com pão e café pela manhã, porém há maneiras melhores de administrar nossas fontes de energia física e mental ao longo do dia. Isso é importante, porque é essa energia que abastece nossa capacidade de fazer todo o resto. Cuidar de si mesmo é definitivamente uma atividade do Q2.
- **Os relatórios para a reunião.** Kiva planejava ter as informações à mão no dia anterior, mas um pedido urgente de Karl a desviou de seus planos. Como não sabemos se o pedido de Karl era importante ou meramente urgente, não temos como saber se Kiva poderia ter adiado ou até negado o pedido. As competências analisadas neste

capítulo poderiam ter ajudado Kiva a concentrar-se no importante em vez de simplesmente reagir ao urgente.

De qualquer maneira, ela não foi capaz de se preparar adequadamente e acabou com uma necessidade de informações (Q1) que precisou repassar a Kellie. Sorte dela que Kellie estava disponível.

- **O suposto professor de arte de meio expediente.** Será que ele era mesmo irrelevante em comparação com a vida hiperocupada de Kiva? Ou só era organizado o suficiente para ter a liberdade de optar por uma viagem descontraída ao trabalho pela manhã? Se for o caso, ele está no Q2, e Kiva, ao que tudo indica, no Q1.
- **O projeto no prazo.** Para quem vê de fora, parece que o projeto avança no Q2. Ele está no prazo e aparentemente as pessoas estão dando conta do que precisa ser feito. Desconhecendo os detalhes, vamos presumir o melhor cenário.
- **O fornecedor problemático.** É bem verdade que, em alguns casos, os fornecedores são meramente incompetentes. No entanto, quais aspectos desse relacionamento, se abordados com uma atitude do Q2, poderiam ser melhorados? Será que a equipe de Kiva realmente incluiu o componente da web a tempo de o fornecedor preparar um orçamento confiável? Seria possível incorporar algum padrão de comunicação para a colaboração com o fornecedor avançar sem tantos percalços? Será que a equipe de Kiva não está simplesmente reagindo a outras partes interessadas e aceitando por inércia todas as ideias, independentemente de como elas afetarão o escopo e o cronograma originais?

  Reservar um tempo para planejar, preparar, comunicar e reforçar um relacionamento com um importante fornecedor possibilita realizar os tipos de atividades claramente incluídas no Q2. E reservar um tempo para fazer essas coisas antes do prazo poderia impedir uma crise do Q1 potencialmente devastadora no futuro, que ameaçaria o projeto de Kiva.
- **Relatórios corporativos, politicagem interna e recursos limitados.** Essas coisas fazem parte de todas as organizações. As pessoas precisam de dados, e nas empresas há indivíduos diferentes com necessidades e interesses distintos. A extensão na qual a obtenção de dados afeta negativamente (e não positivamente) o importante trabalho que precisa ser feito é um indicador do quadrante no qual a cultura se encontra na Matriz do Tempo. Se essa atividade domina grande parte do tempo das pessoas e as

impede de focar o trabalho que realmente importa, a cultura provavelmente pertence mais ao Q3 do que ao Q2.

Uma cultura do Q2 possibilita um diálogo aberto para decidir se os relatórios são mesmo necessários. Também proporciona uma forma de falar sobre as necessidades que competem pelos recursos. No que se refere a programação de recursos, Kiva poderia ter tido uma conversa que começaria mais ou menos assim: "Minha necessidade é importante e urgente. Posso manter esses recursos programados para esta semana se eu garantir que vou liberá-los para vocês na semana que vem?".

- **De volta para casa.** Quando Kiva saiu do escritório, o que ela fez a caminho de casa e, ao chegar lá, o que comeu e optou por fazer foram escolhas pessoais. Suas atividades poderiam estar nos Quadrantes 1, 2, 3 ou 4. A questão fundamental seria esta: se Kiva fizesse uma pausa para dar uma olhada na qualidade de sua noite, ela diria que suas atividades contribuíram para atingir suas metas e prioridades pessoais mais elevadas? Ela ficou satisfeita e realizada nas áreas pertinentes a sua vida pessoal? Se ficou, ela está no Q2. Do contrário, pode ser interessante para ela repensar sua postura em relação a essas áreas.

Para obter melhores resultados, Kiva não tem de ser perfeita nem atingir algum nível impossível de produtividade. Ela só precisa mudar seu modo de pensar e ir alterando uma ou duas coisas por vez. Se ela aplicar o modelo da Matriz do Tempo e o processo Pausar-Esclarecer-Decidir para reforçar sua capacidade de discernimento, em pouco tempo terá transferido uma parcela muito maior de seu tempo para o Q2.

MANEIRAS SIMPLES DE COMEÇAR

Você pode começar a aplicar os princípios e as práticas da "Escolha 1: Concentre-se no importante, não reaja ao urgente" empreendendo algumas das ações simples a seguir. Escolha as mais relevantes para você.

- Faça uma cópia da Matriz do Tempo e cole-a em sua mesa ou na parede para se lembrar de focar o Q2.
- Desenhe, em uma ficha, sete quadros e marque-os com os dias da semana. Comprometa-se a usar conscientemente o processo

Pausar-Esclarecer-Decidir pelo menos uma vez por dia. Quando fizer isso, marque a atividade com um sinal de conferido ou uma estrela dourada adesiva (mais dopamina!) no quadro referente ao dia. Quando preencher a ficha, compre alguma coisinha para si mesmo para comemorar seu sucesso.

- Faça uma lista de perguntas esclarecedoras que você se sentiria à vontade de fazer a si mesmo ou aos outros e pratique-as no espelho.
- Anote a pergunta a seguir em um post-it e cole-o na tela de seu computador: "Qual é meu retorno sobre este momento?".
- Reserve alguns minutos de manhã para identificar uma ou duas atividades que serão as mais importantes do Q2 durante o dia. Anote-as em uma folha de papel e guarde-a no bolso. No fim do dia, verifique se você realizou as atividades. Se não, pergunte-se por quê.
- Identifique uma distração autoimposta do Q3 e elabore uma estratégia para lidar com ela.

RESUMINDO

- Nosso cérebro tem duas partes básicas: o Cérebro Pensante e o Cérebro Reativo.
- Os resultados que atingimos na vida são afetados por nossa capacidade de discernimento.
- Com a prática, podemos reconfigurar nosso cérebro para se tornar mais ponderado e menos reativo.
- Tornar-se mais ponderado requer tanto um quadro de referência – a Matriz do Tempo, da FranklinCovey – como um processo – Pausar-Esclarecer-Decidir (PED).
- Para sermos verdadeiramente produtivos, devemos reduzir ao mínimo o tempo que passamos no Q1 e no Q3, eliminando totalmente o tempo em que ficamos no Q4 e maximizando o tempo que investimos no Q2.
- Retire todas as atividades autoimpostas dos Quadrantes 1, 3 e 4 e retome o controle desse tempo para investi-lo no Q2.
- Podemos criar uma cultura do Q2 usando o vocabulário da importância e aumentando a nossa capacidade de nos focar juntos no Q2.

GESTÃO DE DECISÕES

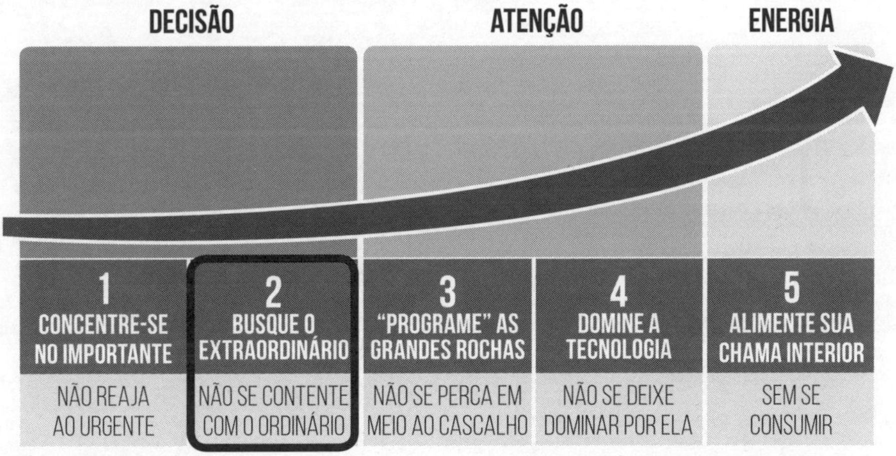

ESCOLHA 2

BUSQUE O EXTRAORDINÁRIO, NÃO SE CONTENTE COM O ORDINÁRIO

"Toda vida tem o potencial
de ser profundamente vivida."
WILLIAM POWERS

Javion suspirou quando entrou no táxi. Ele finalmente poderia relaxar um pouco, agora que a reunião tinha terminado e ele estava a caminho de casa. "Até que a reunião foi boa", disse a si mesmo. "Afinal de contas, ninguém conhece o sistema melhor do que eu." No entanto, sempre ficava um pouco frustrado com o tempo que levava para ajudar as pessoas a entender coisas que deveriam ser óbvias. "Se ao menos a gente tivesse como documentar tudo isso e passar mais tempo na interface do usuário, daria para resolver muitos desses problemas", pensou.

Enquanto refletia a respeito, sua frustração aumentava cada vez mais. Ele via muitas maneiras de melhorar o software para facilitar sua utilização pelos clientes, mas, com a velocidade da programação e a necessidade de fechar vendas, a equipe de desenvolvimento passava o tempo todo tentando dar conta dos pedidos maiores. Parecia que a função dele estava mais para reparador e controlador de danos e que eles nunca teriam tempo para o tipo de ajuste fino da qualidade requerido por esse tipo de desenvolvimento, que ele sabia que era capaz de fazer. "Estamos nos acomodando com o bom quando poderíamos estar fazendo algo excelente. Mais cedo ou mais tarde nossos clientes vão perceber e seremos forçados a encarar a situação."

Ele pegou o celular para mandar a Kalisha uma mensagem de texto avisando que estava a caminho de casa. Ela trabalharia até tarde em um inventário e ele esperava encontrá-la livre quando chegasse. "Que bom que a reunião foi boa", escreveu ela. "O estoque está uma bagunça só. Acho que vou ter de ficar até mais tarde amanhã à noite também :-(." Javion afundou no banco traseiro do táxi. Eles tinham pensado em jantar fora no dia seguinte, mas os planos acabaram de ir por água abaixo.

Quando encontrariam tempo para as coisas que tornam um casamento excelente? Nesse ritmo, seria melhor estar solteiro! "Costumávamos nos divertir muito juntos. O que aconteceu?", perguntou-se ele. "Tenho de dar um jeito nessa situação!"

Para transferir nossa vida para o Q2, precisamos saber o que realmente importa para nós. Precisamos de alguns parâmetros que nos ajudem a decidir onde alocar nosso tempo, atenção e energia. Essa é a essência da Escolha 2, que diz respeito a estabelecer os critérios para as decisões que tomamos todos os dias. Tem a ver com o que está no Q2 quanto aos aspectos mais importantes de nossa vida como um todo – nosso trabalho, nossos principais relacionamentos, dinheiro, família, amigos e até nossos hobbies e interesses – e como fazer com que eles se tornem extraordinários.

Segundo o dr. Daniel Amen, especialista em ciência cognitiva, "para mobilizar seu poder, o cérebro precisa de orientação e visão; ele precisa de um plano".[1]

POR QUE BUSCAR O EXTRAORDINÁRIO?

Muitas pessoas nos dizem: "Eu não quero ser *extraordinário*, só quero ser capaz de levar uma vida normal, em paz!".

Com todos os desafios da vida e tudo o que temos de fazer, é relevante perguntar por que deveríamos almejar o extraordinário.

Vamos lembrar o que queremos dizer com extraordinário. Trata-se de ir para a cama ao fim de cada dia com um sentimento de satisfação e realização. Trata-se de realizar aquelas coisas que agregam o máximo valor a seu trabalho e a sua vida.

Quando usamos a palavra *extraordinário*, *não* queremos dizer:

- Um padrão perfeccionista e impossível que você tenta atingir movido pela culpa.
- A maneira como outra pessoa acha que sua vida e seus dias devem ser.
- A satisfação de todos os caprichos dos outros em vez de fazer o que mais importa para você.
- O sentimento de que você precisa se destacar dos outros, competindo com eles.

Simplesmente nos referimos às coisas que, em nossa opinião, devem criar o maior valor em nossa vida neste exato momento.

Por que, então, usamos a palavra *extraordinário*? O termo implica algo fora do comum, algo não ordinário, não é mesmo?

Sim. É isso mesmo.

Por nossa experiência, muitas pessoas levam a vida sem fazer uma pausa para esclarecer o que mais importa para elas e, como demonstram os dados da Matriz do Tempo, não alocam tempo para essas coisas. Em vez de tomarem decisões conscientes com base no esclarecimento do que mais importa, elas são controladas por atividades urgentes.

O que acaba acontecendo é que elas não têm um senso de satisfação no fim do dia. Ao contrário, sentem-se desconfortáveis e incompletas em relação à própria vida e ao que estão fazendo. Ficam se perguntando como podem levar uma vida tão ocupada e mesmo assim sentir que não realizaram nada. Como vimos na Escolha 1, as pessoas em geral tentam abafar esses sentimentos levando uma vida ainda mais ocupada.

O principal objetivo deste livro é ajudá-lo a definir o que mais importa para você e buscar atingir isso de maneira sistemática e consciente. E, no cerne desse objetivo, está o trabalho que realizaremos na Escolha 2.

QUAIS SÃO OS PAPÉIS MAIS IMPORTANTES QUE VOCÊ TEM NA VIDA HOJE?

A vida acontece segundo as funções, ou seja, os papéis que assumimos. É por meio deles que desenvolvemos relacionamentos e que realizamos todas as atividades que fazem de nós seres humanos.

Os papéis são tão fundamentais para a identidade humana que, diante da pergunta "Quem é você?", as pessoas sempre respondem no que se refere a papéis: "Sou engenheiro", "Sou casado com a Jane", "Sou ciclista", "Sou um amigo". Mesmo quando a resposta é uma lista de traços de personalidade, como "Sou tímido" ou "Sou uma pessoa que adora se divertir", essas características sempre se manifestam no contexto dos papéis.

A ideia é manter todos eles em equilíbrio. O modo como cada um se expressa em sua vida afeta todos os demais papéis. Se você está passando por dificuldades no trabalho, por exemplo, isso pode afetar seu humor e seu comportamento em casa. Se algo está errado em sua vida pessoal, por sua vez, fica mais difícil ter sucesso no trabalho ou em outros papéis.

Nosso cérebro organiza as informações em categorias naturalmente, de modo que faz todo o sentido organizar a vida no que se refere a papéis.

Quantos papéis você tem em sua vida neste exato momento? Dez? Quinze? Você é um gestor? Um funcionário? Um líder de projeto? Um pai ou mãe? Uma filha ou filho? Um irmão ou irmã? Um vizinho? Um voluntário? Um ativista? Um arquiteto? Um artista? Um atleta? Um ambientalista? Um treinador? Um parceiro? Um sócio? E o que dizer do papel de cuidar de si mesmo? Quais são os diferentes papéis e relacionamentos de sua vida? Será que é realmente possível ser extraordinário em todos eles?

Uma das ações mais eficazes do Q2 que podemos empreender é estreitar o foco. Reserve um tempo para identificar alguns poucos papéis mais importantes de sua vida hoje, avaliar seu desempenho em cada um deles e determinar como seria atingir o sucesso em cada papel. Isso dará a seu cérebro as metas de que ele precisa para melhorar bastante as decisões que você toma todos os dias.

IDENTIFICAÇÃO DOS PAPÉIS

Veja como Kiva poderia começar a identificar seus papéis mais importantes neste momento:

- Gerente de projeto
- Amiga
- Colega de quarto
- Fotógrafa
- Filha

Jaivon poderia escolher os papéis a seguir como os mais importantes neste momento:

- Marido
- Programador de software
- Líder de equipe
- Vizinho

Dando outro exemplo, uma mulher chamada Sherry poderia definir os papéis dela assim:

- Mãe de três filhos
- Mulher de Jim
- Alguém que cuida da própria saúde
- Gerente de departamento

Essas três pessoas podem ter muitos outros papéis na vida e não os estão descartando, e sim apenas tirando-os do centro do palco por ora. Afinal, foi-lhes pedido que definissem os poucos papéis mais importantes nos quais precisam se concentrar agora para obter o melhor resultado possível.

Em seguida, elas classificaram seus papéis na *Roda da Vida*. A Roda da Vida é uma representação visual de nossos papéis interconectados como partes de uma pessoa integral.

Veja como seria a Roda da Vida das pessoas de nossos exemplos:

KIVA

JAIVON

SHERRY

Quando você conseguir identificar seus papéis mais importantes, eles devem:

- Representar seus principais relacionamentos e responsabilidades.
- Ser relevantes para sua vida neste exato momento (não em algum momento no futuro ou em papéis que você acha que deveria ter).
- Ser significativos para você. Seus papéis têm de expressar seus valores mais profundos, suas aspirações mais elevadas e suas maiores contribuições.

- Imbuir sua vida de uma perspectiva equilibrada (por exemplo, eles não devem se limitar ao trabalho ou a sua vida fora do trabalho).
- Restringir-se a cinco a sete papéis.

COMO VAI SEU DESEMPENHO?

Depois de identificar conscientemente os poucos papéis mais importantes de sua vida e visualizá-los na Roda da Vida, o próximo passo é usar seu Cérebro Pensante para avaliar seu desempenho em cada um deles neste exato momento.

Seu desempenho é:

- **Insatisfatório?** "Não estou fazendo o que deveria fazer neste papel e não aloquei muito tempo ou energia para ele."
- **Ordinário?** "Faço o que se espera neste papel."
- **Extraordinário?** "Estou empolgado com minha valiosa contribuição neste papel."

Pergunta difícil, não é mesmo? Para responder a ela, você precisa se colocar diante do espelho e encarar a realidade. Veja como as pessoas de nossos exemplos poderiam fazer esse exercício. Elas marcariam pontos na escala progressiva mostrando onde acreditariam estar e, depois, ligariam os pontos.

KIVA

Esse exercício é fundamental. O diagrama mostra, de maneira visual e bastante concreta, o que você no fundo já sabe intuitivamente. A situação fica mais real para você. O que lhe vem à mente quando você olha para esse mapa de seu desempenho na vida hoje? O que passa por sua cabeça e seu coração enquanto reflete sobre o que vê?

Observe algumas dicas interessantes:

- **Comemore.** Não deixe de celebrar os papéis nos quais você acha que está indo bem. Você deve se orgulhar deles.

- **Avalie.** Dê uma bela e corajosa olhada nos papéis nos quais você admite que está apresentando um desempenho insatisfatório. Aplique uma visão holística à situação. Como você vê a interação entre seu trabalho e sua vida pessoal? Eles estão equilibrados ou totalmente fora de controle? Seu desempenho em algum de seus papéis se destaca por estar desviando tempo, atenção e energia de algum outro papel importante?
- **Valide.** Você está certo de sua autoavaliação? Seria melhor perguntar para alguém? Temos visto pessoas que se consideram um marido, esposa ou companheiro extraordinários e levam um balde de água fria na cabeça ao pedir a opinião do parceiro. Uma bela dose de realidade, certo? É possível constatar ainda que os outros acreditam que você está tendo um desempenho muito melhor do que pensa. Também é bom saber disso. Aprofunde-se quanto quiser nessa etapa. Pedir a opinião dos outros no trabalho ou em casa pode ajudá-lo a conhecer o impacto que está causando e como melhorar, se quiser.

Esse recurso de classificação e reavaliação é um exercício mental importantíssimo que, sem dúvida, renderá bons frutos. Pode não ser fácil de fazer, e, em meio à correria do dia a dia, esse trabalho indispensável não raro é negligenciado. Como a maioria de nós acha que já tem uma boa ideia do próprio desempenho nesses papéis, costuma ser mais simples entrar no piloto automático e ignorar a necessidade de dar uma bela avaliada na realidade. Alavancar a ciência cognitiva por trás desse trabalho de classificação e reavaliação na Escolha 2 ajudará a estabelecer os objetivos claros dos quais o cérebro anseia para ajudá-lo a atingir resultados melhores.

SE VOCÊ FICAR DESANIMADO COM ESSE EXERCÍCIO

Por vezes, uma autoavaliação honesta pode levar algumas pessoas a se sentir desanimadas com a própria vida. Se você acha que pode ser uma delas, veja algumas ideias:

- **Não exija demais de si mesmo.** Nosso cérebro tende a focar rapidamente tudo o que não está bom em nossa vida. Mesmo cercados de muitas coisas boas, às vezes nos concentramos em um aspecto ruim e achamos que nossa vida é um fracasso total. Se você se sentir assim, respire fundo e distancie-se um pouco para ter uma perspectiva mais equilibrada.

- **Não ignore esses sentimentos.** Se você realmente estiver apresentando um desempenho insatisfatório em algum papel importante de sua vida, esse exercício poderá lhe proporcionar o catalisador do qual você precisa para mudar. Veja desta forma: agora que teve a coragem de admitir, você pode agir. Antes, você estava meramente pondo esses sentimentos de lado.
- **Tenha um pouco de esperança.** O restante deste livro tem o objetivo de ajudá-lo a se sentir muito melhor sobre seu desempenho nesses papéis. Continue avançando e, da próxima vez que fizer esse exercício, sua experiência será muito mais positiva.

Avaliar nossos papéis com regularidade pode nos dar o insight do qual precisamos para mudá-los quando necessário.

> Uma mulher veio falar conosco no intervalo de uma de nossas Sessões de Trabalho. Ela teve uma experiência profunda e queria nos contar. "Até algumas semanas atrás, um de meus papéis era cuidar da minha mãe idosa, mas ela faleceu." A mulher fez uma pausa e continuou: "Desde que minha mãe morreu, venho sentindo um vazio por dentro. Ela precisava tanto de mim que acabei negligenciando outros papéis importantes da minha vida. Agora sei o que fazer para revitalizar esses papéis. Também percebi que tenho deixado de fora alguns que posso retomar para preencher minha Roda da Vida".

Esse exercício também pode reforçar nossa determinação de manter o equilíbrio na vida.

> Rita, uma de nossas associadas, tem sido um grande exemplo de como equilibrar seus papéis de excelente profissional e mãe. Ela é gerente de projeto em um de nossos grupos de atendimento ao cliente e fez um acordo para trabalhar meio período. Por ser tão boa no que faz, o acordo tem compensado para a empresa. Ela só assume um ou dois projetos por vez e desenvolveu um conjunto de habilidades que lhe

> possibilita comunicar claramente as expectativas em relação a seu tempo para poder trabalhar enquanto seus filhos estão na escola. Quando eles chegam em casa à tarde, ela praticamente fica incomunicável por várias horas. Então, quando as crianças vão dormir, reaparece e trabalha um pouco à noite. Como tem uma definição clara das metas pretendidas em cada um de seus papéis e desenvolveu algumas habilidades e sistemas para garantir o atingimento dessas metas, Rita tem conseguido manter um equilíbrio que resulta em um senso de eficácia e realização nos dois papéis.

Mesmo que o esquema de trabalho de Rita não seja possível para você, os princípios de criar uma visão clara dos papéis, expectativas e limites e desenvolver habilidades para melhorar o equilíbrio podem se aplicar a qualquer situação profissional.

DESENVOLVA PAPÉIS EXTRAORDINÁRIOS

Agora que você já identificou e avaliou seus papéis mais importantes, como transformá-los em algo que vai orientá-lo e ajudá-lo a tomar decisões melhores sobre como investir sua atenção e sua energia todos os dias?

O segredo é definir sua visão de sucesso para cada papel. Você pode fazer isso com duas medidas:

- Consolide seu propósito e sua paixão em um título para o Papel do Q2.
- Elabore uma Declaração do Papel do Q2 para cada papel.

Essas duas técnicas têm raízes profundas na ciência cognitiva. Elas o ajudarão a canalizar sua criatividade e motivação de modo que, quando tiver de tomar decisões difíceis ao longo do dia, você terá essas sólidas bases mentais e emocionais para orientar suas escolhas e se manter no Q2.

CONSOLIDE SEU PROPÓSITO E SUA PAIXÃO EM UM TÍTULO PARA O PAPEL DO Q2

Quando se trata de criar uma vida satisfatória, a paixão faz diferença... muita diferença.

Daniel Pink, autor do best-seller *Motivação 3.0: Os Novos Fatores Motivacionais para a Realização Pessoal e Profissional*, escreve:

> A ciência mostra que o segredo do alto desempenho não é nossa motivação biológica ou nosso impulso de recompensa e punição, mas uma terceira motivação: nosso profundo desejo de orientar a própria vida, de estender e expandir nossas capacidades e de fazer uma contribuição positiva.[2]

Outras pesquisas constataram que um propósito claro e estimulante pode reduzir o estresse, melhorar o desempenho no trabalho, aumentar a energia e impedir a exaustão.[3]

Uma técnica simples para incorporar esse espírito e essa motivação é refletir profundamente sobre a paixão e o propósito que vemos e sentimos em cada um de nossos papéis. Imagine isso com clareza, usando imagens das pessoas que fazem parte de seu papel. Como você quer contribuir no papel de mãe? Ou de um supervisor? Ou de um amigo? É da natureza humana querer deixar uma contribuição, sentir-se realizado. O que é o sucesso para você? O que motiva sua cabeça e seu coração?

À medida que reflete mais profundamente sobre seu propósito em um papel, você sente as emoções se intensificarem e tenta entender o que está sentindo. E então percebe como é importante evocar esses sentimentos, sabendo também que eles acabam se perdendo em meio às pressões e ao caos do dia a dia.

Uma excelente maneira de "engarrafar" essa energia é criar uma base ou âncora, repensando o título de seu papel. O que você está sentindo? Quando pensa em seu papel de pai, que sentimentos surgem? Sente-se realizado como mentor ou guia nesse papel? Em seu papel de gestor no trabalho, você sente, com todas as suas forças, que sua maior contribuição em um dia ocupadíssimo pode ser como orientador, líder inovador ou desenvolvedor de pessoas? Esses títulos lhe dão mais energia quando você pensa neles? Eles o motivam a tomar decisões melhores todos os dias para atingir a excelência nesse papel? Em caso positivo, renomeie seu papel para representar esse sentimento.

Veja como Kiva poderia mudar o título de seus papéis:

Em vez de	**Ela poderia usar**
Gerente de projeto	Líder de projeto
Amiga	Grande amiga
Colega de quarto	Aliada
Fotógrafa	Artista visual
Filha	Encorajadora

Os títulos não devem ser expressivos ou impressionantes para os outros, e sim capazes de motivá-lo. Portanto, seja criativo! Se existir uma palavra, uma combinação de palavras ou até uma abreviatura que faça sentido e evoque maior senso de propósito para você, vá em frente e use-a. Caso o título original já instigue essa paixão, não há necessidade de mudá-lo. A ideia é que o título gere a paixão e o senso de propósito que o motivarão a fazer tudo para atingir sua máxima contribuição em cada um de seus papéis.

Dedique alguns minutos para pensar de maneira ampla e profunda sobre um de seus papéis. Concentre-se profundamente e imagine como seria essa visão de sucesso e como você se sentiria. Expresse isso tudo no título desse papel. Então, faça o mesmo com os outros papéis.

ELABORE UMA DECLARAÇÃO DO PAPEL DO Q2 PARA CADA PAPEL

Ainda mais eficaz do que atribuir um título para o Papel do Q2 é a visão mais específica do sucesso que esse papel tem para você, incluindo o tipo de atividades que você planeja empreender para chegar lá. Isso é expresso na Declaração do Papel do Q2. Por causa do modo que o cérebro funciona, quanto mais específico e descritivo você for, especialmente no que disser respeito ao processo para atingir sua visão, maior será a chance de se motivar para fazer as coisas que o ajudarão a concretizar sua visão de sucesso.[4]

Isso significa que, para cada papel, você basicamente vai elaborar uma breve declaração que indique os resultados desejados e as atividades ou métodos básicos que o ajudarão a atingi-los. Não se trata de resultados mensuráveis específicos, como uma meta (veremos isso mais adiante), mas de uma combinação de resultados e atividades para orientar suas metas, planos e decisões mais tarde.

Veja uma fórmula que pode ajudar:

Na qualidade de	**Eu conseguirei**	**Fazendo**
Título do papel	Resultados extraordinários	Atividades

Por exemplo, Jaivon poderia dizer, no papel de marido, título que ele alterou para "melhor amigo de Kalisha":

Na qualidade de	**Eu conseguirei**	**Fazendo**
Melhor amigo de Kalisha	Criar um relacionamento duradouro baseado em confiança, segurança e descobertas mútuas	Compartilhando ativamente suas metas e sonhos, dedicando-me a reforçar o relacionamento e conquistando sua plena confiança em todas as minhas atividades e interações com os outros.

Essa declaração representa um grande investimento de pensamento e energia do Cérebro Pensante no córtex pré-frontal. É consciente e intencional. Como Jaivon investiu o tempo necessário para definir, de maneira significativa e clara, como seria o sucesso nesse papel, isso resultará em várias decisões sobre como ele alocará seu tempo, atenção e energia dia após dia.

Se Jaivon refletir, sistemática e conscientemente, sobre essa declaração (o que nem sempre é fácil, mas é definitivamente exequível) em seu Planejamento Semanal e Diário do Q2 (veja a Escolha 3), ele provavelmente atingirá o "relacionamento duradouro baseado em confiança, segurança e descobertas mútuas" que deseja, agregando um grande valor tanto à própria vida como à de Kalisha.

Veja outro exemplo, agora de Kiva:

Na qualidade de	Eu conseguirei	Fazendo
Líder de projeto	Desenvolver uma equipe que supera seus limites	Procurando lugares em que processos claros e tecnologias melhores possam desencadear a criatividade da equipe para entregar um trabalho melhor aos clientes.

Também nesse caso, fica claro que Kiva refletiu bastante sobre essa declaração. Ela muito provavelmente não chegou à versão final depois de meros cinco minutos de *brainstorming*. No entanto, sempre nos surpreendemos ao ver com que frequência as pessoas são capazes de elaborar rapidamente uma Declaração do Papel do Q2 que de fato exprime a essência do que elas gostariam de atingir. Isso acontece porque essas declarações se baseiam no que as pessoas mais conhecem: sua própria vida!

Essas versões também não são finais e definitivas. Seus papéis mais importantes são dinâmicos e mudam constantemente. O pai de um menino que hoje tem 3 anos pode elaborar uma declaração de papel bem diferente quando o filho chegar à adolescência ou também se tornar pai.

Essas declarações não devem ser guardadas no fundo da gaveta ou na prateleira dentro de um livro para serem revistas uma vez por ano. A Declaração do Papel do Q2 é uma manifestação viva de sua vida hoje. Representa o que é mais importante para você agora e como você imagina, neste momento, essa realização. Quanto mais você mergulhar nessa declaração, empolgar-se com ela, ajustá-la e concretizá-la, mais seu cérebro terá a clareza e as âncoras necessárias para tomar as decisões certas voltadas para realizar as coisas mais importantes todos os dias.

Basta reservar um tempo para reflexão, no qual você pode acalmar seu Cérebro Reativo, acionar seu Cérebro Pensante e se perguntar o que mais importa em cada um daqueles poucos e mais importantes papéis de sua vida hoje. Enquanto reflete, tome o cuidado de não descartar os sentimentos e pensamentos intuitivos e os potenciais insights que surgem ao ponderar sobre cada papel.

NÃO DEIXE DE CRIAR DECLARAÇÕES DE PAPÉIS DO Q2 ORIGINAIS E ADEQUADOS A SUA SITUAÇÃO

Reservar um tempo para elaborar essas declarações lhe possibilita expor as expectativas que você provavelmente já tem sobre si mesmo, mas que costumam ficar escondidas abaixo da superfície. O processo também lhe permite confrontar expectativas que podem não ser suas, levando-o a perceber que elas na verdade não têm nada a ver com sua vida. Lembre que a definição de *extraordinário* de outra pessoa não é relevante. A ideia é saber sua definição. Sua Declaração do Papel do Q2 deve se fundamentar no contexto e na realidade de sua vida.

Quando Michaela parou um pouco para refletir sobre seus papéis, ela começou a pensar sobre seu papel de mãe. Quando começou a responder à pergunta "Como seria ser uma mãe extraordinária?", ela sentiu o estresse e a culpa se intensificando. Essa sempre foi uma área frustrante para ela. Sua mãe não trabalhava fora e parecia ser capaz de fazer tudo à perfeição. A família de Michaela tinha altas expectativas em relação a ela, e sua mãe passava muito tempo ajudando os filhos a fazer a lição de casa, comparecendo a peças teatrais da escola, levando os filhos ao parque e assim por diante. A mãe era uma presença constante e, acreditava Michaela, quase perfeita em sua vida. A casa da família estava sempre limpa e tudo parecia estar em perfeita ordem.

No seu caso, Michaela sentia que tudo o que conseguia fazer era meramente sobreviver, tentando equilibrar a carreira, a família e suas outras responsabilidades na comunidade. Ela achava que sua casa era uma bagunça na maior parte do tempo e que sua filha de 5 anos mal a conhecia. Na semana anterior, quando Michaela chegou em casa do trabalho, a filha chorou e correu para a porta quando a babá foi embora, o que partiu seu coração.

Enquanto era tomada por essas emoções, ela teve vontade de pular esse papel e passar para o próximo. Mas ela disse: "Espere aí! Como seria o extraordinário em minhas circunstâncias com minha filha e com minha realidade?".

Ao aprofundar suas ponderações, ela percebeu que estava fundamentando a vida em uma série de expectativas baseadas em circunstâncias completamente diferentes e sentindo-se culpada por não conseguir atingir essas expectativas.

Ela se deu conta de que sua filha lhe era muito importante e que uma casa limpa talvez não fosse prioridade. Também percebeu que ela talvez pudesse fazer outras escolhas que lhe permitissem passar mais tempo com a filha antes e depois do trabalho, bem como nos fins de semana.

Quando Michaela abandonou a definição de sucesso que vinha nutrindo inconscientemente por tanto tempo e começou a definir o extraordinário especificamente para sua vida, ela começou a se sentir aliviada e esperançosa.

A experiência de Michaela não é incomum. Pesquisas demonstram que as mulheres são particularmente suscetíveis a se sentir sobrecarregadas em razão do número de papéis que desempenham e de suas muitas experiências administrando tais papéis. Esse efeito é chamado de sobrecarga de papéis.

Assim, é importante não só analisar cada papel, mas também de que maneira todos os papéis se encaixam na vida como um todo.[5] Como disse uma mulher: "Existe o mito de que é possível ter tudo. Não é. No entanto, é possível ter tempo para as coisas mais importantes para você".[6]

EQUILIBRE SEUS PAPÉIS

Estabelecer o equilíbrio entre os papéis é especialmente importante em nossa vida nos dias de hoje, permeada pela tecnologia, que nos deixa sempre conectados, sempre acessíveis ao trabalho.

Nesse tipo de mundo, temos um portal aberto à nossa vida por meio das parafernálias que levamos sempre conosco. Esses dispositivos permitem que as pessoas nos telefonem – e até nos vejam! – e nos enviem e-mails ou mensagens de texto a qualquer momento, de dia ou à noite. Os únicos limites são os que nós mesmos criamos e negociamos com os outros.

Essa pode ser uma realidade bastante perigosa quando se trata de criar equilíbrio em nossa vida. No entanto, a tecnologia também pode ser libertadora quando temos uma definição clara de como os importantes Papéis do Q2 se encaixam em nossa vida como um todo.

Por causa da natureza criativa do trabalho do conhecimento, você pode ter as melhores ideias às 5h00 da manhã e ser menos produtivo às 14h00. Empresas e pessoas que se adaptaram a essa realidade dão menos valor ao tempo presencial no escritório, pondo mais ênfase nos resultados. Em algumas organizações que conhecemos, é totalmente aceitável que uma pessoa saia do escritório às 14h00 de uma quarta-feira para andar de bicicleta nas montanhas porque ela participará de uma videoconferência internacional das 18h00 às 22h30 em casa. Essa pessoa continua desempenhando seu papel no trabalho e ao mesmo tempo tem a liberdade de desempenhar o papel de cuidar de si. Por ter um conjunto claro de resultados e expectativas que negociou com os outros, não se sente culpada enquanto anda de bicicleta nem explorada ao participar da videoconferência.

Nesse caso, o equilíbrio não envolve passar oito horas no escritório e deixar o trabalho para trás quando a pessoa vai para casa. Também não é uma espécie de balança mecânica, na qual, quando um lado (ou papel) sobe, o outro deve necessariamente descer. Na verdade, faz mais sentido visualizar o equilíbrio entre a vida profissional e pessoal como os movimentos de um dançarino harmonioso ou de um habilidoso artista marcial. Nesse contexto, o equilíbrio é interativo e se mantém em constante movimento. Seu formato difere em momentos diferentes – às vezes rápido, às vezes lento, mas sempre centrado. É fundamental criar em sua vida uma relação harmoniosa entre todos os diferentes papéis que lhe dão um senso de satisfação e realização, tanto no momento como ao longo do tempo.

Reserve um tempo agora para elaborar uma declaração para cada um de seus papéis. Use os títulos criativos do Papel do Q2 que você já elaborou ao trabalhar em seus papéis ou pense nos títulos criativos agora. Às vezes, essas duas partes evoluem juntas. No fim, você deve ter um título do Papel do Q2 e uma Declaração do Papel do Q2 para cada papel – isso, ao mesmo tempo, esclarecerá os resultados desejados e o motivarão a atingi-los.

CONCRETIZE SEUS PAPÉIS: DEFINIÇÃO DAS METAS DO Q2

Para aumentar as chances de concretizar a visão de sucesso nos Papéis do Q2 mais importantes no momento, você pode escolher uma ou mais Metas do Q2 específicas e mensuráveis para cada papel.

Existem diversos modelos voltados para a definição de metas. Você já deve ter ouvido falar das metas SMART (*Specific, Measurable, Achievable, Relevant, and Time-Bound* – específicas, mensuráveis, alcançáveis, relevantes e temporais) ou algo similar.

Nossa experiência trabalhando ao redor do mundo com pessoas e organizações capazes de atingir suas metas sugere que a melhor maneira de formatar as Metas do Q2 é usar a simples fórmula a seguir:

De X para Y até o Prazo

A ideia é realizar uma mudança em um resultado específico (de X para Y) até determinada data (o Prazo). Veja alguns exemplos:

- Reduzir o peso de 120 para 90 quilos até 17 de junho.
- Incrementar as vendas de £ 1 milhão para £ 1,8 milhão até 31 de dezembro.
- Passar a ter contato com meu pai idoso de zero para três vezes por semana.
- Aumentar minha poupança mensal de 15% para 20% de minha renda até 1º de janeiro.

Algumas metas podem ser mais difíceis de mensurar, como melhorar o modo como você se sente em um relacionamento ou sua satisfação no trabalho. No entanto, mesmo nessas circunstâncias, é possível criar uma escala subjetiva (digamos, de 1 a 10) e usá-la para avaliar em que ponto você está neste momento e medir seu progresso. Por exemplo:

- Elevar o nível de confiança que minha esposa tem em mim de 5 a 8 até 31 de março.

- Aumentar minha satisfação no trabalho de 7 a 9 até 17 de maio.
- Melhorar minha confiança de falar em público de 2 a 5 até 1º de fevereiro.

Algumas metas podem ser medidas meramente dando uma boa olhada em si mesmo no espelho e determinando o ponto em que você está em diferentes momentos. Outras, como aumentar a confiança de seu cônjuge em você, podem ser mensuradas simplesmente perguntando a ele ou ela!

De qualquer maneira, quanto mais específicas e mensuráveis forem suas metas, mais seu cérebro se engajará nelas e mais facilmente elas poderão ser atingidas.

Quando você define suas metas, pode identificar as atividades específicas que o ajudarão a atingi-las (como fazer dieta e se exercitar para atingir a meta de perder peso ou fazer mais contatos com os clientes para atingir a meta de vendas). Feito isso, você pode agir sistematicamente orientado por suas metas toda semana, o que veremos no próximo capítulo.

O segredo é evitar escolher metas demais e não deixar de vinculá-las firmemente à visão e à paixão resultantes de suas Declarações dos Papéis do Q2.

De acordo com a dra. Heidi Halvorson, uma das mais proeminentes pesquisadoras no campo do atingimento de metas:

> Costumamos relutar em definir metas muito importantes e difíceis para nós mesmos. No entanto, mais de mil estudos demonstram que, quando as pessoas definem metas difíceis e específicas para si, elas têm muito mais sucesso, satisfação e felicidade na vida do que quando se limitam a dizer: "Bem, vou fazer o que posso".[7]

Como determinar as Metas do Q2 implica focar atenção e energia em alguns aspectos e distanciar-se de outros, tome o cuidado de escolher bem suas metas, da mesma forma consciente e atenta com que elaborou suas Declarações dos Papéis do Q2. Com isso, você pode se certificar de que o resultado realmente valerá o esforço, em meio a todas as suas outras atividades.

O PODER DO SENSO DE PROPÓSITO

Neste capítulo, falamos sobre a importância de definir Papéis e Metas do Q2 para ajudá-lo a orientar suas decisões ao longo do dia. Essas estruturas auxiliam seu cérebro à medida que você escolhe como focar sua atenção e energia diariamente para criar o maior valor possível.

Além de conectar os centros motivacionais de nosso cérebro, esclarecer nossos papéis e metas mobiliza nossos propósitos mais profundos na vida. Nossos papéis englobam nossos relacionamentos mais importantes, nossas mais profundas alegrias e nossas maiores contribuições e aspirações. Eles envolvem nosso coração e nosso espírito. Como afirma Daniel Pink:

> No trabalho, tendemos a ficar obcecados com o "como" – por exemplo: "Como fazemos isso" –, mas raramente falamos no "por que" – por exemplo: "Eis por que fazemos isso". No entanto, costuma ser difícil atingir um desempenho excepcional quando desconhecemos as razões que nos levam a fazer as coisas.[8]

O tempo investido em refletir profundamente sobre seus Papéis e Metas do Q2 o ajudará a explorar esses poços mais profundos de motivação e alto desempenho.

MANEIRAS SIMPLES DE COMEÇAR

Você pode começar a aplicar os princípios e as práticas da "Escolha 2: Busque o extraordinário, não se contente com o ordinário" empreendendo algumas das ações simples a seguir. Escolha as mais relevantes para você.

- Esclareça e identifique os papéis mais importantes e inclua-os na Roda da Vida.
- Faça o exercício do diagrama para avaliar em que ponto você está em seus papéis. Comemore todos os bons resultados que encontrar!
- Escolha um papel importante que exija algum feedback e converse com a pessoa envolvida.
- Escolha um papel e elabore rapidamente um esboço da Declaração do Papel do Q2. Não tente escrever uma declaração perfeita. Retome seu

esboço um ou dois dias depois para ver se ele continua fazendo sentido. Vá refinando a declaração a partir daí.

- Escolha uma meta que você acredita ser importante e expresse-a na fórmula De X para Y até o Prazo.

RESUMINDO

- A produtividade extraordinária implica ir para a cama todos os dias sentindo-se satisfeito e realizado.
- Identificar os poucos papéis mais importantes de nossa vida agora nos proporciona uma referência para atingir o equilíbrio, a motivação e a realização.
- Fundamentar nossa motivação em títulos e Declarações dos Papéis do Q2 reforça nossa capacidade de tomar boas decisões sobre em que investimos nosso tempo e energia a cada dia.
- Uma avaliação honesta de nosso desempenho em cada papel pode nos ajudar a tornar nossos papéis extraordinários.
- Definir Metas do Q2 específicas ajuda a direcionar nosso cérebro de maneira mais produtiva.

GESTÃO DA ATENÇÃO

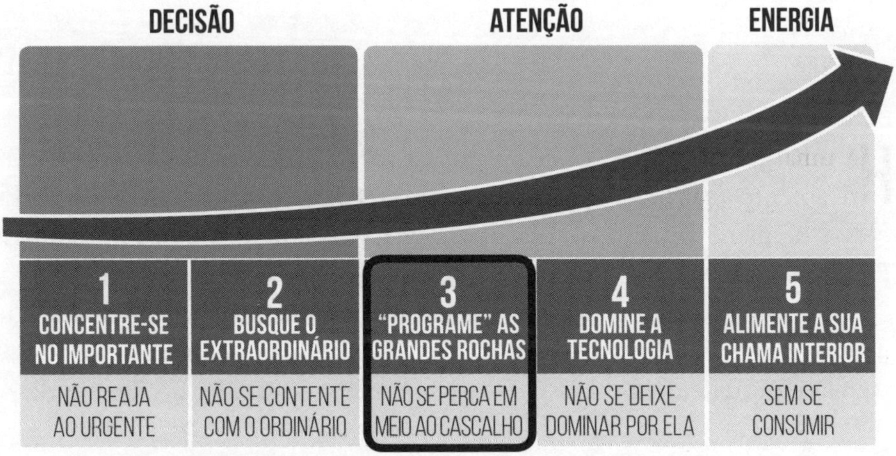

ESCOLHA 3

"PROGRAME" AS GRANDES ROCHAS, NÃO SE PERCA EM MEIO AO CASCALHO

"Vivemos com uma grande escassez de atenção humana... Nos dias de hoje, a capacidade de compreender e gerenciar a atenção é o fator mais determinante do sucesso no trabalho."

THOMAS DAVENPORT E JOHN C. BECK[1]

Há uma grande diferença entre pensar sobre o que mais importa e efetivamente realizar o que mais importa. Se não implementarmos processos de planejamento robustos para executar tarefas importantes, nossas Declarações e Metas dos Papéis do Q2 não passarão de uma ilusão.

As Escolhas 1 e 2 se concentram em tomar boas decisões sobre em que investir nossa atenção e energia; as Escolhas 3 e 4, em como manter nossa atenção focada e deliberada para nos sentirmos realizados ao fim do dia.

AS GRANDES ROCHAS E O CASCALHO

Nessa comparação, as Grandes Rochas representam as prioridades importantes do Q2 em nossa vida ou, em outras palavras, o tempo investido nos relacionamentos e responsabilidades mais significativos, projetos críticos, reuniões cruciais e assim por diante. São as atividades que resultam de nossas Declarações e Metas dos Papéis do Q2. Essas atividades são o oposto do cascalho, que representa todas as pequenas coisas que enchem nossa vida, como e-mails, telefonemas, lavar roupa, prioridades menos importantes e assim por diante. Essas coisas desviam nosso tempo e atenção das Grandes Rochas.

Se o balde da figura representa sua vida, qual imagem o leva a se sentir mais realizado?

Se você escolheu a imagem da esquerda, você pode ter problemas, porque está colocando todas as pequenas coisas primeiro e só depois tentando encaixar as coisas importantes.

No mundo de hoje, com a torrente interminável de cascalho que chega até nós, essa abordagem simplesmente não funciona. Em vez de pequenos montes de cascalho, parece que todo dia começamos diante de uma longa fila de caminhões basculantes, prontos para descarregar montanhas de cascalho em nossa vida.

Se você escolheu a imagem da direita, está a caminho de dominar o principal conceito da Escolha 3, segundo o qual você será mais produtivo se colocar todas as coisas importantes primeiro e só depois deixar que algum cascalho inevitável preencha seu dia ao redor delas.

A grande mudança de mentalidade envolvida na Escolha 3 é perceber que você nunca conseguirá progredir simplesmente aumentando a velocidade com a qual lida com o cascalho. É uma batalha perdida. Em vez disso, você precisa decidir o que é mais importante (Escolhas 1 e 2) e programar suas semanas e dias de modo a focar primeiro sua preciosa atenção e energia nessas coisas importantes (Escolha 3).

Para garantir a eficácia dessa abordagem, você tem de deliberadamente tomar a decisão de abrir mão de um grande número de pequenas coisas. Não há problema! Na verdade, muitas dessas coisas são atividades autoimpostas do Q3 que o impedem de se manter mais plenamente no Q2. Você pode optar conscientemente por deixar parte do cascalho para fora do balde, como mostra a imagem da direita.

De acordo com a antiga mentalidade da gestão do tempo, a mensagem era a seguinte: todas as pessoas têm a mesma quantidade de tempo, mas algumas são capazes de aproveitar melhor o tempo do que outras; elas devem ser as mais produtivas.

Nos dias de hoje, a chave para a verdadeira produtividade não é fazer mais coisas, mas fazer as coisas certas – as coisas importantes – com a melhor qualidade possível. Não se trata de fazer mais com menos, mas de fazer mais *com foco em* menos. Trata-se de concentrar mais atenção e energia nas poucas prioridades que realmente importam e executar essas tarefas em meio ao cascalho inevitável de nossa vida.

Ao longo deste capítulo, você vai aprender os princípios e processos cruciais do Planejamento do Q2, o tipo de planejamento que possibilita que as coisas importantes sejam realizadas.

UMA FERRAMENTA CRUCIAL DE PRÉ-PLANEJAMENTO: A LISTA MESTRA DE TAREFAS

Antes de falar do processo de Planejamento do Q2, é preciso conhecer uma ferramenta vital que dá suporte ao processo: a Lista Mestra de Tarefas.

Você já tem uma lista de tarefas? Por acaso tem duas ou mais? Ou, como muitas pessoas, anota rapidamente as tarefas importantes no pedaço de papel que encontrar à mão no momento e enfia o papel de qualquer jeito na bolsa ou na carteira na esperança de encontrá-lo depois? (Seja sincero!) Quando procura informações importantes em listas redundantes ou em pedaços de papel que saíram voando para debaixo da sua mesa, em qual quadrante você acha que está?

No século 21, a Lista Mestra de Tarefas é provavelmente uma das ferramentas mais importantes que podemos utilizar para manter nossa atenção focada no Q2. Se utilizada corretamente, uma Lista Mestra de Tarefas pode atuar como um filtro adicional para discernir e organizar as novas tarefas que não param de chegar e manter o foco nas prioridades mais importantes.

A finalidade de uma Lista Mestra de Tarefas é manter tudo em um único sistema confiável de monitoramento para poder tirar essas tarefas da cabeça e parar de se preocupar com elas. Assim, ao fazer seu Planejamento do Q2, você pode consultar sua Lista Mestra de Tarefas sabendo que vai encontrar lá as atividades importantes que precisa incluir em sua agenda.

A regra básica para a utilização da Lista Mestra de Tarefas é a seguinte: quando surge alguma tarefa a fazer, ela vai *para o chão* ou *para a lista*, mas não para sua cabeça. Isso envolve aplicar imediatamente suas habilidades de discernimento para decidir o que fazer com a tarefa, sem deixá-la flutuando em sua consciência, ocupando uma valiosa memória operacional. A Matriz do Tempo o ajuda a tomar essas decisões. Especificamente:

- **As atividades do Q3 e do Q4 vão para o chão.** Por definição, as atividades do Q3 e do Q4 não são importantes. Desse modo, se você se vir diante de uma delas e puder deixá-la de lado sem grandes consequências, jogue-a *no chão* – isso quer dizer que você conseguiu identificar e dispensar algum cascalho que, de outra maneira, ficaria ocupando parte de seu dia. Dê a si mesmo um tapinha nas costas para seu cérebro saber que você fez a coisa certa e siga em frente.
- **As atividades do Q2 e do Q1 vão para a lista.** Se a atividade é do Q2 ou do Q1, anote-a na lista. Fazendo isso, você registra sua escolha de alocar tempo e atenção para ela mais tarde e pode se concentrar em seu trabalho, em vez de ficar com a atividade flutuando em sua cabeça. Uma vez que uma tarefa é anotada, você já aumenta a chance de realizá-la e, ao mesmo tempo, tranquiliza sua mente, o que lhe permite focar sua atenção em atividades mais importantes.

Mais tarde, quando consultar a lista para fazer seu planejamento, lembre-se de que, como as circunstâncias podem ter mudado, o que era importante quando você anotou a tarefa pode ter perdido a importância, então tome cuidado para não ficar preso às tarefas que incluiu na lista. Sinta-se à vontade para jogar uma tarefa no chão se ela deixou de ser importante.

Se você não souber ao certo se uma tarefa deve ser jogada no chão ou incluída na lista, pode tentar responder a perguntas como:

- Estou anotando uma atividade do Q3?
- Estou me oferecendo para fazer alguma tarefa de responsabilidade de outra pessoa quando na verdade eu não precisaria fazer isso?
- Estou anotando uma atividade do Q1 pela quinta vez porque sou incapaz de encontrar uma forma de evitá-la? (Nesse caso, anote outra atividade do Q2 para evitar essa Q1 no futuro.)
- Estou anotando algo que deveria ser delegado a outra pessoa? (Nesse caso, você pode alterar a tarefa para delegá-la.)

A Lista Mestra de Tarefas lhe permite figurativamente consultar a Matriz do Tempo no momento de escolha e usar sua capacidade de discernimento para decidir se deve mesmo realizar a tarefa. Se a resposta for *não*, jogue a tarefa no chão. Se a resposta for *sim*, inclua a tarefa na lista.

O que você não deve fazer é colocar tudo na lista só para tirar de sua cabeça. Isso transforma sua lista em um depósito de cascalho. Qualquer coisa que você mantém fora da lista representa uma boa decisão, e é uma escolha positiva focar mais atenção nas Grandes Rochas, que são seus Papéis e Metas do Q2.

Se você não sabe ao certo se a atividade é importante ou se precisa de mais tempo para discernir com precisão, inclua-a na lista, mas não use isso como desculpa para não descartar algumas coisas que não deveriam estar lá.

Sem uma Lista Mestra de Tarefas, você corre o risco de passar noites em claro, revirando-se na cama, enquanto todas as coisas que precisa fazer e não anotou rodam em sua cabeça como um disco riscado.Você também acaba sentindo a pressão de saber que no dia seguinte será submetido a toda uma nova série de decisões e demandas e não terá onde colocá-las. Deixar essas coisas em sua cabeça e não em uma lista reduz a quantidade de memória operacional disponível no cérebro para se concentrar em coisas importantes.

Agora que já temos um entendimento básico da Lista Mestra de Tarefas, vejamos como essa lista entra em nosso Planejamento do Q2.

O PLANEJAMENTO DO Q2 E A PROMESSA DOS 30/10

Queremos lhe fazer uma promessa: se você passar trinta minutos por semana e dez minutos por dia no Planejamento do Q2, aumentará acentuadamente sua capacidade de se sentir realizado ao fim de cada dia. É um processo que vai transformar sua abordagem em relação a todas as outras horas de seu tempo. De acordo com a dra. Heidi Halvorson:

> Constatou-se que o planejamento é uma das estratégias mais eficazes que se podem usar para atingir qualquer meta. Quando as pessoas fazem o tipo certo de planejamento, suas taxas de sucesso sobem, em média, entre 200% e 300%.[2]

O Planejamento do Q2 é um processo no qual você reserva um tempo para acalmar a mente e trabalhar com o Cérebro Pensante para incluir, consciente e intencionalmente, as Grandes Rochas em suas semanas e dias *primeiro*, para se certificar de que elas serão realizadas.

Por que reservar trinta minutos toda semana? Porque leva alguns minutos para entrar nessa zona. Do contrário, você trabalhará com o Cérebro Reativo, que o fará agendar tarefas urgentes, em vez de planejar usando o Cérebro Pensante do Q2, que lhe possibilitará organizar-se com base no que mais importa.

Alocando um tempo para reduzir o ruído, centrar-se e planejar com base em um estado mais ponderado, você terá uma experiência completamente diferente quando se perguntar: "O que é o mais importante?". Suas respostas serão mais claras e precisas.

Nas palavras de Tenzin Priyadarshi, monge budista e filósofo especializado em meditação e neurociência:

> Sem quietude não há silêncio. Sem silêncio não há insight. Sem insight não há clareza.[3]

Você não precisa atingir o nirvana para praticar o Planejamento do Q2, mas, se abordar o processo com ponderação, terá mais discernimento e clareza, e as Grandes Rochas de sua vida não ficarão enterradas no cascalho.

OS FUSOS HORÁRIOS DO Q2

Uma prática de alto valor que prepara o terreno para um bom Planejamento Semanal e Diário do Q2 é criar os Fusos Horários do Q2. Trata-se de blocos de tempo agendados que ajudam a proteger as prioridades do Q2.

Os Fusos Horários são interessantes porque você pode planejá-los com antecedência, seja como atividades recorrentes, seja como eventos que não se repetem, de modo que, ao entrar em uma nova semana, você já tem um tempo do Q2 esperando por você. Veja alguns exemplos:

- Kiva quer se exercitar de manhã? Ela pode reservar o horário das 6h30 às 7h30 na agenda eletrônica para praticar ioga em casa, marcando-o de modo recorrente. Segundo um estudo, o simples ato de *agendar* horário e local específicos para se exercitar faz as taxas de sucesso do planejamento – ou seja, passar realmente a fazer exercícios – subirem de 32% para 91%.[4]
- Como pensa melhor de manhã, Jaivon pode reservar uma ou duas horas todas as manhãs para atividades pensantes e separar um tempo à tarde para reuniões.
- Se Sherry quer garantir um tempo com o marido toda semana, ela pode agendar as noites de sexta-feira como um evento recorrente.
- Executivo com uma programação de viagens de negócios intensa e muitas vezes imprevisível, Brad pode reservar janelas de tempo futuras na agenda para viajar e assinalar como intocáveis (exceto em circunstâncias especiais) atividades como férias.

Vejamos como seria a semana de Jaivon depois de agendar alguns Fusos Horários recorrentes do Q2:

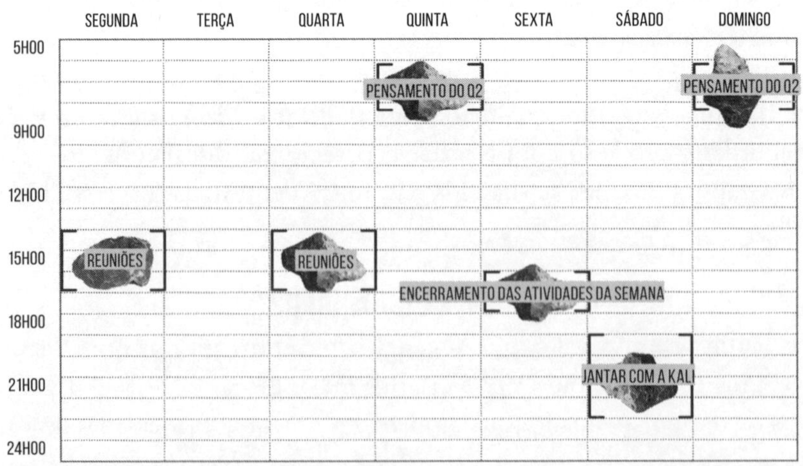

PLANEJAMENTO SEMANAL DO Q2

Uma vez dominada sua Lista Mestra de Tarefas e determinados seus Fusos Horários do Q2, você está pronto para planejar a semana. Encontre um lugar tranquilo e reserve pelo menos trinta minutos antes de começar sua semana para:

1. **Rever seus papéis e metas.** Destine um tempo para se conectar conscientemente com a visão para sua vida que você registrou em suas Declarações e Metas dos Papéis do Q2. Seja diligente nessa etapa, que deve reavivar sua paixão mais profunda e suas mais elevadas motivações. Não avaliar esses fatores com regularidade implica ficar preso no redemoinho das atividades do dia e essa visão pode se dissipar nas profundezas de sua memória à medida que seu cérebro luta para sobreviver ao ataque de demandas imediatas e urgentes. Então, não deixe de anotar suas Declarações e Metas dos Papéis do Q2 em um formato e local de fácil acesso.

   É um fato neurológico que, para sermos extraordinariamente produtivos, nossa visão deve estar sempre "na ponta da língua" ou, mais especificamente, no Cérebro Pensante, no córtex pré-frontal, que nos ajuda a discernir quais novas tarefas e demandas são importantes o suficiente para merecer nosso tempo, nossa atenção e nossa energia.
2. **"Programe" as Grandes Rochas.** Depois de se conectar com seus papéis e metas, reserve um tempo para rever sua Lista Mestra de Tarefas e responda à pergunta das Grandes Rochas: "Quais são as coisas mais importantes correspondentes a este papel que posso fazer esta semana?".

   Quando você pondera todos os seus papéis na vida e faz essa pergunta para cada um deles, as respostas vêm automaticamente a seu coração e a sua mente. Algumas respostas são óbvias, como aquele grande projeto que deve ser concluído esta semana. Outras são menos evidentes e exigem mais sensibilidade para serem discernidas, como algo que você precisa fazer em um importante relacionamento ou alguma providência que você pode tomar para melhorar os resultados de uma grande reunião marcada que acontecerá esta semana.

Todas as coisas que se passam na vida estão representadas em algum lugar em seu cérebro. No entanto, se você nunca fizer uma pausa para prestar atenção às conexões e sentimentos mais sutis relativos a essas coisas, poderá facilmente deixar escapar alguns dos maiores retornos sobre o tempo e atenção investidos nesta semana.

Observe que algumas dessas atividades podem nem ter sido incluídas em sua Lista Mestra de Tarefas. Normalmente, essas instruções sutis não são fortes o suficiente para se sobressair em meio a todo o ruído e agitação do dia. No entanto, quando você se tranquiliza e reflete ponderadamente sobre seus Papéis e Metas do Q2, pode ter insights valiosíssimos sobre onde focar seu tempo, atenção e energia para obter o maior retorno possível. Quando tiver esses insights e eles demandarem alguma ação, você poderá incluí-los em sua Lista Mestra de Tarefas também.

Quando finalmente identificar com clareza as atividades mais importantes da semana, encaixe essas Grandes Rochas em sua agenda!

O simples fato de agendar um compromisso para fazer alguma coisa, em vez de apenas incluí-lo na lista de tarefas geral do dia, tem grande valor. Com muita frequência as listas de tarefas diárias se transformam em meras listas de desejos diários, que acabam simplesmente flutuando de um dia para o outro, sem progredir quase nada.

Agendar uma tarefa para um horário e local específicos representa um comprometimento mais prioritário e aumenta acentuadamente a chance de você realizar a tarefa. Isso acontece porque essa maior especificidade dá uma deixa a seu cérebro para agir quando o momento chegar. Também é interessante administrar seu tempo para se proteger das distrações do Q3, que podem ocorrer quando alguém entra em sua sala só porque sua agenda parece estar livre.

Ao planejar sua semana, só inclua algo em uma lista de tarefas diárias em último caso – se você realmente não tem como saber quando ou se a tarefa será feita. Se quiser fazer algo, em praticamente todos os casos é melhor agendar como um compromisso específico a ser realizado em algum momento ao longo do dia.

Por fim, no que diz respeito às Grandes Rochas, você deve escolher somente uma ou duas coisas mais importantes para cada papel. Seu tempo é limitado, então seja exigente e escolha apenas as tarefas que realmente farão diferença. Isso aumenta a chance de elas de fato serem realizadas no contexto da agitada semana à frente.

3. **Organize o resto.** Tendo acomodado as Grandes Rochas em sua agenda, você pode programar outras coisas importantes que precisam ser feitas, inclusive algum cascalho – coisas que não são cruciais, mas têm de ser feitas, como lavar roupas!

Esses três passos do Planejamento Semanal do Q2 garantirão que sua semana seja como o balde produtivo e não como o balde improdutivo. Veja como poderia ser uma semana cheia de cascalho para Kiva:

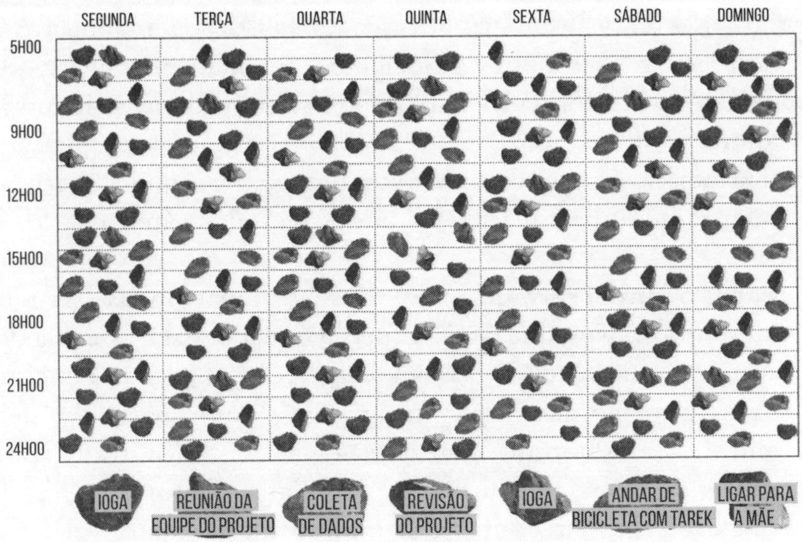

Se Kiva praticasse o Planejamento do Q2, sua semana poderia ser algo como:

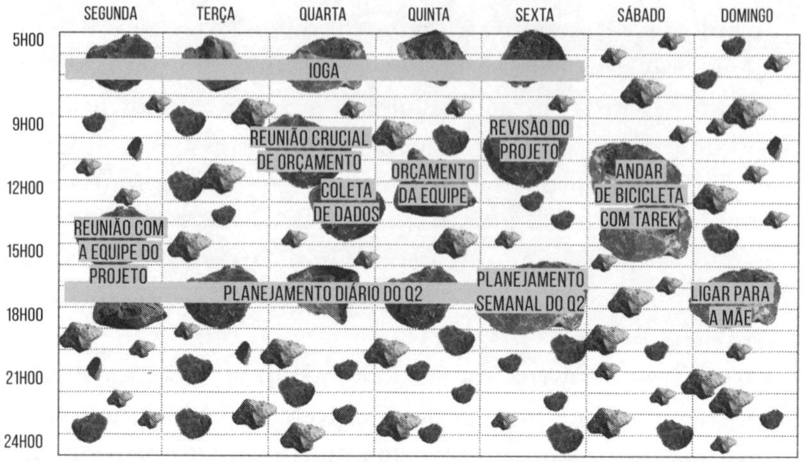

PLANEJAMENTO DIÁRIO DO Q2

Sabemos que a vida raramente, talvez nunca, corre conforme o planejado. Por isso, você vai precisar ajustar diariamente seu planejamento semanal no decorrer da semana. Novos cascalhos chegam sem parar, ocorrem crises do Q1 e até suas prioridades do Q2 podem mudar. Assim, você vai precisar fazer ajustes, consciente e intencionalmente, todos os dias para que suas prioridades importantes sejam realizadas, de um jeito ou de outro.

Para planejar o dia seguinte, encontre um lugar tranquilo, reserve pelo menos dez minutos para rever o dia que acabou de terminar e:

1. **Faça o encerramento do dia.** Dê uma olhada nas tarefas e compromissos que você tinha agendado para esse dia. Você conseguiu fazer tudo? Se não, reagende os itens não concluídos para outro momento em sua agenda, elimine-os se eles deixaram de ser importantes ou deixe-os na Lista Mestra de Tarefas ajustando os prazos ou detalhes similares conforme necessário. A ideia é prestar contas a si mesmo diariamente, verificando se você se concentrou no mais importante e também não deixando de lidar com os itens que você pode ter transferido ou reprogramado no processo.

Além disso, também é interessante fazer o que chamamos de *garimpar o ouro*. No decorrer do dia, somos expostos a importantes informações, novas tarefas, insights ou ideias. Garimpar o ouro significa certificar-se de que essas informações sejam armazenadas no lugar certo para você poder usá-las mais tarde (falaremos mais a esse respeito na Escolha 4.) O ideal seria ir lidando com grande parte disso ao longo do caminho, mas, se você não fez isso, esse é o momento.

2. **Identifique as poucas tarefas essenciais.** Pergunte a si mesmo: "Quais são as poucas tarefas essenciais que quero realizar amanhã?". Uma tarefa essencial é algo tão importante que provavelmente você só poderá concluir o dia depois de realizá-la. Normalmente, você só está reforçando seu compromisso com suas Grandes Rochas, mas pode precisar lidar com alguns Q1s que forem surgindo.
3. **Organize o resto.** Organize todo o resto ao redor de suas tarefas essenciais.

Essas três etapas podem ser feitas no fim do dia que você acabou de concluir ou na manhã do dia seguinte.

As pessoas que as executam no fim do dia tendem a fazer isso porque consideram mais fácil relaxar à noite. Elas sabem que já cuidaram de tudo e que as coisas estão no lugar certo. Podem dormir melhor porque não têm um monte de pendências e questões mal resolvidas flutuando na cabeça.

Aquelas que optam por realizar essas etapas na manhã do dia seguinte tendem a fazer isso porque no fim do dia não conseguem pensar com tanta clareza quanto pela manhã, depois de uma boa noite de sono.

E há também as pessoas que dividem as etapas e se encarregam da etapa 1 (fazer o encerramento do dia) à noite e das etapas 2 e 3 de manhã, quando a mente é capaz de pensar com mais clareza e elas podem ser mais sensíveis aos insights que vão surgindo ao refletirem sobre o que mais interessa.

Não importa o horário que você escolher; o importante é definir uma abordagem que lhe permita passar alguns momentos na mentalidade do

Q2 antes do início das atividades do dia. Caso contrário, você vai simplesmente mergulhar de cabeça na torrente de cascalho, esperando encontrar algum tempo para respirar e dar conta de algumas das coisas mais importantes. Para ser altamente produtivo, essa não é uma boa abordagem.

PLANEJAMENTO DO Q2: PENSAR NO CHUVEIRO

Quando você costuma ter suas ideias mais criativas? De manhã, depois de uma boa noite de sono? No chuveiro? Já aconteceu de você ter a sensação de saber com absoluta clareza suas metas e prioridades e tudo parecer estar no lugar certo?

Nosso palpite é que isso já aconteceu com você várias vezes, mas o momento se dissipou rapidamente sob a torrente de tarefas e demandas de seus dias agitados.

Nossa pergunta é: por que você não pode ter esses momentos com mais frequência?

Acreditamos que, aplicando o Planejamento do Q2 com regularidade, você não só terá mais desses momentos de clareza e perspectiva, como esses momentos poderão efetivamente se tornar uma característica distintiva do modo como você vive seus dias.

Como vimos na Escolha 1, nosso cérebro se reconfigura de acordo com a utilização que fazemos dele. Se desenvolvemos o hábito semanal e diário de nos conectar com nossas maiores prioridades e organizar nossa vida em torno delas, o Q2 se torna nosso modo normal de pensar e passamos todos os dias com uma mentalidade centrada do Q2. Isso nos possibilita reagir com mais rapidez e tranquilidade a mudanças inesperadas em nossa agenda. Em vez de nos estressarmos, lidamos com essas mudanças com mais confiança e facilidade porque nos fundamentamos na organização e na prática da perspectiva do Q2.

Perguntaram a um mestre zen como ele conseguia manter seu profundo senso de tranquilidade apesar das pressões do dia. Ele respondeu: "Eu nunca saio de meu estado meditativo".[5]

Quando reservamos um tempo toda semana e todo dia para nos conectar com nossas prioridades mais profundas, podemos levar conosco esse sólido senso de perspectiva durante o dia inteiro. Nós nos tornamos a tranquilidade em meio à tempestade, capazes de nos elevar acima da torrente de cascalho que ameaça enterrar nossas prioridades mais importantes.

MANEIRAS SIMPLES DE COMEÇAR

Você pode começar a aplicar os princípios e as práticas da "Escolha 3: 'Programe' as Grandes Rochas, não se perca em meio ao cascalho" empreendendo qualquer uma das ações simples a seguir. Escolha as mais relevantes para você.

- Monte uma Lista Mestra de Tarefas e pratique a regra "no chão ou na lista" três vezes hoje. Não deixe de se dar um tapinha nas costas quando conseguir jogar alguma tarefa no chão!
- Repasse mentalmente suas últimas semanas. Identifique um ou dois padrões recorrentes que podem ser configurados como Fusos Horários do Q2 e administrados com mais eficácia.
- Decida quando e onde você fará seu Planejamento Semanal e Diário do Q2. Programe essas atividades como Fusos Horários do Q2 recorrentes em sua agenda.

RESUMINDO

- Você nunca vai conseguir avançar meramente aumentando a velocidade com a qual lida com o cascalho. Decida quais são as coisas mais importantes e as coloque no balde antes de sua semana começar.
- Quando surge alguma tarefa que você talvez precise fazer, ela deve ir para o chão ou para a lista, e não para sua cabeça.
- Os Fusos Horários do Q2 são blocos de tempo proativamente agendados que o ajudam a proteger as prioridades recorrentes do Q2.
- As três etapas do Planejamento Semanal do Q2 são: (1) reveja seus papéis e metas, (2) agende as Grandes Rochas e (3) organize o resto. As três etapas do Planejamento Diário do Q2 são: (1) faça o encerramento do dia, (2) identifique as poucas tarefas essenciais e (3) organize o resto.
- A Promessa dos 30/10 vai transformar o tempo que você gasta em qualquer outro lugar e aumentar acentuadamente sua capacidade de se sentir realizado ao fim do dia.

GESTÃO DA ATENÇÃO

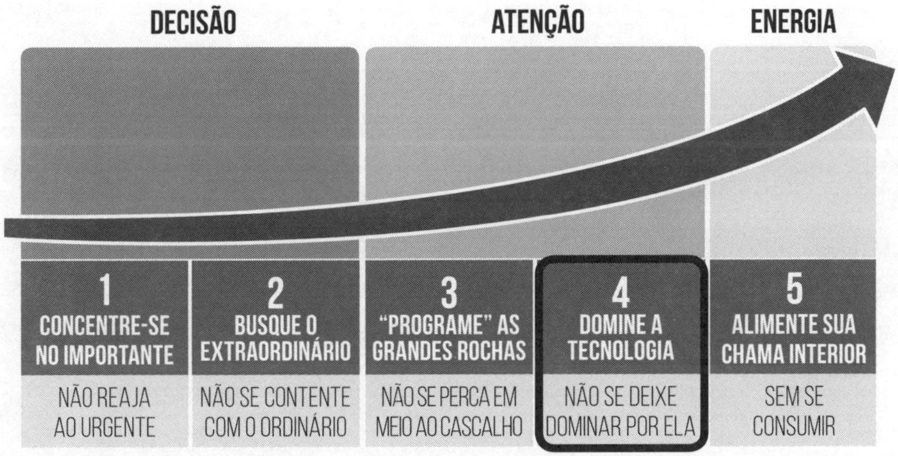

ESCOLHA 4

DOMINE A TECNOLOGIA, NÃO SE DEIXE DOMINAR POR ELA

"Em meio ao caos, oportunidades também podem ser encontradas."

SUN TZU, *A ARTE DA GUERRA*

Em 1967, o futurista Herman Kahn previu um cenário no qual, até o ano 2000, um de nossos desafios culturais seria o impacto do maior tempo de lazer possibilitado pelas tecnologias voltadas para aumentar a produtividade. Ele acreditava que a maioria das pessoas poderia trabalhar apenas cerca de 30 horas por semana e tirar 13 semanas de férias.[1] (Quem dera...!) Kahn escreveu:

> ... o trabalhador "normal" poderia passar menos de 50% de seus dias em sua vocação [carreira]... menos de 50% de seus dias em diversão [hobbies ou outros interesses]... e ainda tirar um ou dois dias de folga por semana só para relaxar. Em outras palavras, seria possível se engajar na diversão com a mesma intensidade que na vocação e ainda ter um bom tempo livre para [outras] atividades.[2]

Nas quase quatro décadas que se passaram desde que Kahn escreveu essas palavras, inventamos as mais diversas tecnologias de produtividade, que incluem post-its, computadores pessoais, e-mails, videoconferências, internet, celular, mensagens de texto, redes sem fio, roupas tecnológicas que nos dizem onde estamos e para onde ir, e-books, HDTV e até luvas que produzem música![3] E a lista continua.

Mas será que essas tecnologias aumentaram nossa produtividade? Você acha que está se aproximando do tipo de liberdade e flexibilidade descritas por Herman Kahn? Ou se sente mais como um escravo das vibrações e toques sonoros de seu smartphone, e-mail ou tablet?

A TECNOLOGIA É UMA FORMA DE VÍCIO?

Na "Escolha 1: Concentre-se no importante, não reaja ao urgente", falamos sobre o processo de nos viciar na urgência. A verdade é que a tecnologia pode intensificar dez vezes o poder viciante da urgência. É como fumar crack, droga mais imediatamente estimulante e viciante do que a cocaína... e também consideravelmente mais perigosa!

As tecnologias atuais podem proporcionar tamanha agilidade de resposta a nossas ações que podemos nos perder respondendo a mensagens de texto e tuítes, achando que estamos sendo produtivos, quando na verdade só estamos distraídos.

O maior problema é que podemos estar deixando passar as coisas realmente importantes da vida, como desenvolver sólidos relacionamentos, colaborar para resolver questões importantes ou nos engajar em algum trabalho ponderado e concentrado. Como não são tão "clicáveis", essas coisas são menos estimulantes para nosso cérebro do que os sons e vibrações de nosso smartphone. No entanto, se pararmos para pensar, veremos que elas são muito mais importantes.

> Recentemente, vimos uma família que foi assistir à apresentação de balé da filha. Eram quatro pessoas, que estavam sentadas mais para o fundo da sala, e três delas estavam jogando nos smartphones, o pai e dois filhos. Só a mãe olhava para o palco. Quando as luzes se apagaram para o início da apresentação, os três que estavam brincando nos celulares reduziram simultaneamente o brilho da tela dos dispositivos e continuaram ocupados com os smartphones, com a cabeça baixa e o rosto iluminado pelas telas. Foi só quando alguém na fileira de trás pediu que eles desligassem os dispositivos que, meio sem jeito, desgrudaram os olhos dos aparelhos e se puseram a assistir à apresentação.

Como o dr. Ed Hallowell, especialista em transtorno do déficit de atenção, nos disse recentemente:

> Nós criamos um novo vício. É o vício em tecnologia... E encontramos pessoas literal e compulsivamente abrindo o e-mail como quem abre um maço de cigarros.[4]

Conforme afirmou Catherine Steiner-Adair, pesquisadora voltada para investigar os efeitos da tecnologia na vida familiar:

> Sempre me impressiono com a eterna e incontestável verdade sobre as famílias: as crianças precisam do tempo e da atenção dos pais... Mas essa realidade pode se perder com uma facilidade incrível quando nos deixamos atrair pelo canto da sereia do mundo virtual.[5]

Às vezes, ouvimos: "São os jovens que vivem grudados na tecnologia!". Bem, é verdade que eles cresceram com a tecnologia nas mãos. Vamos, porém, dar uma olhada em nossos papéis como adultos. Pesquisas demonstram que as crianças não raro se sentem solitárias e deprimidas por estarem competindo com smartphones e tablets pelo amor dos pais.[6]

> Uma gerente de nível médio nos contou a história de como ela e o marido usavam a tecnologia perto da filha de 4 anos. Eles começaram a achar que precisavam mudar seu comportamento, porque, assim que chegavam em casa do trabalho, eles rapidamente pegavam os smartphones e se perdiam, cada um imerso no próprio mundo. Chegaram à conclusão de que aquele não era o exemplo a dar para a menina e perceberam que o tempo estava voando e que a filha logo deixaria de ser um bebê.
>
> Assim, bolaram um plano, sabendo que seria difícil se livrar do vício. Deixaram uma cesta ao lado da porta da frente e combinaram que, quando chegassem em casa, colocariam os smartphones na cesta. A cesta proporcionava um pequeno sistema de prestação de contas, porque os smartphones ficariam visíveis e seriam notados se fossem retirados.
>
> Alguns dias depois de adotado esse novo comportamento, os pais foram pegar seus smartphones de manhã ao sair para o trabalho.

> O que eles encontraram foi incrível. Na cesta, ao lado dos celulares, estava o pequeno iPod da filha. Eles não pediram para ela deixar o iPod na cesta. Na verdade, nem conversaram com ela a respeito. Mas a cabecinha e o coraçãozinho dela a compeliram a seguir o exemplo dos pais. E ela decidiu abrir mão da tecnologia para fazer parte da família!

Embora esse seja um exemplo de reprodução de um comportamento positivo, a história também pode ter um lado obscuro. Será que a criança não estava faminta pela atenção dos pais? Será que sentia que estava competindo com os smartphones pela afeição deles? Será que deixou o iPod na cesta na *esperança* de que esse ato pudesse, de alguma forma, garantir o amor dos pais? Seja qual for a resposta, a mudança no comportamento em relação à tecnologia revolucionou a vida daquela família, proporcionando uma profunda atenção e energia do Q2 no breve tempo entre chegar em casa do trabalho e sair de casa para o trabalho no dia seguinte.

A necessidade de dar atenção aos relacionamentos não se restringe apenas ao âmbito de nossa casa e de nossa família. Um homem de 30 e poucos anos nos contou que, quando ele e os amigos vão a um restaurante, todos colocam os celulares em uma cesta e o primeiro a pegar o aparelho durante a refeição paga a conta. Para eles, essa é uma excelente maneira de encorajar a interação direta e reforçar os laços de amizade.

QUEM ESTÁ NO COMANDO AQUI?

O primeiro passo para fazer com que a tecnologia seja seu servo e não seu mestre é reconciliar-se com seu comportamento em relação à própria tecnologia. Reflita um pouco a respeito aplicando o modelo da Matriz do Tempo. No trabalho e em casa, você usa a tecnologia de uma forma que remete ao Q3 ou ao Q4? Você se deixa seduzir pela urgência das vibrações e toques sonoros e se vê reagindo a coisas que, em última análise, não são importantes? Você se deixa seduzir jogando em excesso determinado jogo que não é nem urgente nem importante, mas de algum modo ocupa horas de seu tempo, atenção e energia que, obviamente, seriam mais bem utilizadas em outro lugar?

Tendo confrontado seu relacionamento com a tecnologia, você estará em posição de utilizá-la como ferramenta poderosa para ajudá-lo a entrar no Q2. Afinal, tecnologia não é o problema. A questão é até que ponto somos conscientes e deliberados em sua utilização. Nosso cérebro pode adorar a novidade, mas, ao esclarecermos o que realmente importa para nós e ao aplicarmos com ponderação nossa capacidade de discernimento, temos muitas chances de usar nossas ferramentas com sabedoria para atingir a produtividade extraordinária todos os dias.

A LUTA SEM ESPADA E O PRIMEIRO PRINCÍPIO

Às vezes, achamos que, se ao menos tivéssemos a ferramenta correta – o aplicativo certo, o modelo de smartphone mais recente e assim por diante –, todos os nossos problemas estariam resolvidos. Mas isso não passa de ilusão. Apesar de usufruirmos os ganhos de tempo que algumas tecnologias nos proporcionam, se quisermos levar uma vida significativa e produtiva, não podemos terceirizar nosso direito humano fundamental e nossa capacidade de fazer boas escolhas. Nenhum dispositivo externo pode substituir nossa mente.

Quando aceitamos a ideia de que nenhuma ferramenta vai automaticamente nos salvar, agimos com base no que Yagyū Munenori, mestre espadachim japonês do século 16, chamou de "primeiro princípio", que implica ser independente de todas as maneiras possíveis e manter a presença de espírito em todas as circunstâncias.[7] O primeiro princípio de Munenori também envolve adotar o ideal da *luta sem espada*, o que significa que temos a liberdade de usar todas as ferramentas para vencer a batalha.[8] A ideia é que, quando nos prendemos a alguma ferramenta específica, criamos em nossa mente um apego que nos impede de agir com naturalidade e reagir adequadamente às diferentes circunstâncias à medida que surgem. Isso é importante porque as ferramentas e as tecnologias estão sempre mudando, mas o primeiro princípio da escolha consciente se mantém inalterado.

> Conta-se a história de um soldado no campo de batalha, cansado e exaurido, que perdeu a espada. Avançando com dificuldade, ele vê o punho de outra espada no chão. Exultante, pega a arma,

> mas descobre que a lâmina está quebrada pela metade. Desanimado, joga a espada no chão e diz para si mesmo: "Se ao menos eu tivesse a espada reluzente do Imperador, feita de ouro e do melhor aço, eu poderia lutar a batalha e ganhar!". Perdendo todas as esperanças, o soldado abandona a batalha, contrariado.
>
> Poucos minutos depois, outro soldado fatigado passa pelo mesmo lugar e pega a mesma espada. Ao ver a lâmina quebrada, ele levanta a arma em sinal de triunfo na direção do céu e, com vigor renovado e um brado, retorna à batalha. Liderando seus exércitos com a espada quebrada, o Imperador reverte o curso da história e conquista a vitória.

Por que usamos uma metáfora das artes marciais para falar de tecnologia? Porque a batalha por nossa atenção é real e, ainda mais importante, temos a sensação concreta de que estamos travando uma batalha. É difícil lidar com a volumosa torrente de novas tarefas e demandas enquanto tentamos vencer a sedução da tecnologia. Requer um enorme esforço defender nossas prioridades mais importantes e lhes dedicar nossa melhor atenção e energia.

Neste capítulo, vamos identificar alguns processos e habilidades bastante práticos que você pode usar, com ou sem a tecnologia, para permanecer no Q2. A implementação exigirá um pouco de prática, mas fará uma grande diferença em seus resultados. O poder dessas habilidades se fundamenta na mentalidade do Q2 e no primeiro princípio da escolha. Enquanto boas tecnologias podem, de fato, nos ajudar na batalha, é a mentalidade do Q2 que nos ajuda a vencer.

PREPARAÇÃO PARA A BATALHA: ONDE ESTÃO SUAS COISAS?

A primeira providência que precisamos tomar é organizar todas as nossas informações.

Se você for como a maioria das pessoas, é submetido o dia inteiro a uma torrente de cascalho vinda de todas as direções. Seu smartphone recebe mensagens instantâneas e tuítes. Sua caixa de entrada de e-mails transborda como uma pia entupida. Você atende uma ligação e anota a mensagem em qualquer pedaço de papel que encontra à mão.

Pilhas de cartas, documentos e post-its lotam sua escrivaninha. Você faz anotações no celular, no computador, na agenda ou em qualquer bloco de notas disponível... ou em todos esses lugares. Você planeja organizar tudo isso um dia desses, mas a tarefa lhe parece hercúlea. Por onde começar?

Quer se trate de milhares de e-mails em sua caixa de entrada, quer de uma pilha de papéis em sua mesa, na verdade existe uma ordem no caos. Você só precisa aprender a enxergá-la.

OS 4 NÚCLEOS

Há basicamente quatro tipos de informação que você precisa administrar: duas delas levam a ações e as outras duas são informações que você deve arquivar para futura referência.

- **Compromissos.** Coisas que você precisa fazer em horários específicos.
- **Tarefas.** Coisas que você precisa fazer e que ainda não estão agendadas.
- **Contatos.** Informações sobre pessoas com as quais você interage.
- **Anotações/documentos.** Outras informações que você tem de administrar, mas que não se enquadram nas outras três categorias.

Chamamos essas categorias de *4 Núcleos*. O primeiro passo para organizar o caos é aprender a ver as novas informações segundo essas quatro categorias. O passo seguinte é criar um sistema para administrar as informações importantes e saber exatamente onde e como acessá-las em qualquer lugar e a qualquer momento. O modo como você fará isso vai depender do sistema utilizado, mas, como parâmetro geral, recomendamos a *Regra do Um*.

Esse método implica ter uma Lista Mestra de Tarefas, uma agenda, uma lista de contatos e um sistema para organizar suas anotações ou documentos. Você pode ajustá-lo de acordo com necessidades específicas, contanto que se atenha aos princípios da gestão dos 4 Núcleos, e usar um sistema só em papel, só eletrônico ou uma combinação dos dois.

O SISTEMA EM PAPEL

Antes da proliferação de tantos dispositivos eletrônicos de fácil utilização, as pessoas que aprenderam a abordagem de gestão do tempo da FranklinCovey traziam sua Lista Mestra de Tarefas, sua agenda de compromissos, sua lista de contatos e suas anotações em uma única agenda clássica Franklin Planner. E algumas continuam fazendo isso. Ninguém precisa se envergonhar de usar um sistema em papel na era dos equipamentos eletrônicos!

A clara vantagem desse sistema é manter tudo em um lugar só. É fácil de carregar e agrada às pessoas que gostam de anotar as coisas e de ter uma representação mais tangível e analógica de suas informações. Além disso, um sistema em papel nunca vai ficar sem bateria.

A desvantagem é que o sistema não está conectado com nada, o que significa que você não pode simplesmente coletar informações ou agendar um compromisso com o clique de um botão. E também significa que você não terá um backup, de modo que, se perder a agenda, com ela irão praticamente todas as suas informações.

Por nossa experiência, como grande parcela de nossas comunicações e informações é digital, por meio de telefonemas, mensagens de texto, tuítes e e-mails, pode ser trabalhoso transpor os 4 Núcleos para o papel à medida que o fluxo de novas informações se acelera cada vez mais. No entanto, é possível.

Se preferir usar um sistema em papel, você será mais produtivo e terá menos dores de cabeça se mantiver todas as anotações pessoais em uma única agenda, em vez de escrevê-las no primeiro pedaço de papel que encontrar por perto. Para organizar com eficácia os 4 Núcleos em um sistema baseado em papel, a regra fundamental é "manter tudo em um só lugar".

O SISTEMA DIGITAL

O outro extremo do espectro é reunir todas as suas informações importantes em algum meio digital. Nesse caso, a regra fundamental é "ter tudo em todo lugar". Isso significa manter seus 4 Núcleos em um sistema que lhe permita acessar qualquer informação em todos os seus dispositivos, não importa onde estiver.

Por exemplo, você pode incluir as informações de contato de um amigo e imediatamente tê-las disponíveis em seu smartphone, tablet, laptop ou qualquer computador com acesso à internet, ou seja, as informações ficam armazenadas em um servidor (na nuvem) e podem ser acessadas em qualquer lugar com conexão à internet.

A vantagem dessa abordagem é a possibilidade de você ter acesso a suas informações mais importantes sempre que desejar, no dispositivo que estiver à mão no momento. Uma vez que essas informações são armazenadas como bits e não em páginas de papel, você conta com um armazenamento praticamente infinito, com anos de história e dados disponíveis ao toque de um botão. Também fica mais fácil pegar as novas informações que já chegam em formato digital e arquivá-las rapidamente. O sistema digital costuma ser mais seguro e cria um backup imediatamente, de modo que, se você perder um dispositivo, todas as suas informações importantes continuarão disponíveis. Por fim, o sistema lhe possibilita um acesso fácil a essas informações enquanto você interage e se comunica com os outros.

A desvantagem desse tipo de sistema é a possibilidade de você se perder sob a montanha de cascalho de novas informações digitais que entram. Se não formos capazes de nos manter conscientes e deliberados, esse sistema pode até acelerar o fluxo irrefreável de informações capaz de nos enterrar vivos. Acabamos criando um território digital improdutivo de entulho que nos sufoca em vez de nos ajudar a permanecer no Q2.

Se quisermos ser extraordinariamente produtivos, precisamos ponderar meticulosamente nossos dispositivos eletrônicos e nossos 4 Núcleos para criar um sistema elegante que não gere inadvertidamente qualquer redundância. Se possível, o melhor seria que cada um dos 4 Núcleos tivesse um sistema de sincronização em todos os dispositivos. Use a tecnologia que quiser, mas mantenha-se vigilante.

Por exemplo, não se ponha a incluir tarefas sem pensar em uma lista de tarefas isolada em seu smartphone (só porque ela está lá) se sua Lista Mestra de Tarefas estiver no computador. Em vez disso, encontre um app que sincronize as informações no smartphone e no computador para incluí-las apenas uma vez, podendo acessá-las nos dois dispositivos. Vários aplicativos são capazes de fazer isso. Basta encontrar um de seu agrado e ficar atento para manter todas as suas tarefas nesse sistema. Em pouco tempo, você já terá incorporado esse hábito em sua rotina. O mesmo princípio se aplica aos outros núcleos.

Vejamos o exemplo de Martin, um vendedor que utiliza um smartphone, um tablet e um laptop. Ele usa um serviço de compartilhamento de arquivos na nuvem que lhe possibilita manter suas anotações e documentos importantes acessíveis em todos os dispositivos. O serviço inclui apps que rodam em todos os aparelhos, de modo que, se Martin alterar um documento em um dispositivo, a nova versão é imediatamente atualizada na nuvem e as alterações ficam acessíveis em todos eles. Sua agenda de compromissos e seus contatos também estão armazenados na nuvem por meio de outro serviço, então ele pode consultá-los e atualizá-los em qualquer aparelho. Martin utiliza, ainda, um serviço de lista de tarefas que também tem aplicativos para todos os dispositivos. É nesse serviço que ele mantém sua Lista Mestra de Tarefas. Dessa maneira, com três serviços informatizados meticulosamente escolhidos, ele pode aplicar o princípio de "ter tudo em todo lugar" a seus 4 Núcleos.

Para ajudá-lo a se concentrar no Q2, Martin categoriza seus compromissos, tarefas e anotações de acordo com o papel relevante. Isso lhe possibilita associar claramente suas atividades e anotações ao que ele considera mais importante. Como Martin é vendedor e administra agressivamente seus contatos de trabalho, ele divide seus contatos em duas categorias: profissionais e pessoais.

Sabemos que nem todo mundo tem essa mesma liberdade de escolher os serviços que utiliza. Você deve se familiarizar com as políticas de informática de sua empresa quando for conceber seu sistema. Você pode ser obrigado a usar uma plataforma corporativa, como o Microsoft Exchange, o Google ou outro software. Talvez as políticas de informática de sua organização facilitem a sincronização das informações desses sistemas em todos os seus dispositivos. Ou então você pode se ver diante de uma profusão de firewalls, políticas de segurança etc. capazes de restringir sua capacidade de sincronizar os dados nesses sistemas. Muitas pessoas nem têm permissão de acessar seus sistemas de trabalho fora do escritório. Também ouvimos muita gente dizer: "Tudo bem, eu nem queria mesmo misturar minhas informações pessoais com as informações do trabalho!".

Se você tem acesso a seu sistema corporativo 24 horas por dia, mas se preocupa com a possibilidade de misturar as informações profissionais com as pessoais, veja algumas opções:

- Certos sistemas permitem marcar os dados pessoais (tarefas e compromissos, por exemplo) como privados para que só você possa ver os detalhes em uma agenda compartilhada. Fazendo isso, você pode continuar marcando tarefas como ir a uma consulta médica ou limpar a garagem, e seus colegas só verão o horário marcado como privado.
- Se você não gostar da ideia, pode ter dois conjuntos distintos de 4 Núcleos, um pessoal e um profissional. Você ainda continuará seguindo a Regra do Um, porque seus 4 Núcleos profissionais estarão em um sistema, e seus 4 Núcleos, em outro. No entanto, se decidir separar as áreas pessoal e profissional dessa maneira, precisará seguir uma regra importante: esses dois sistemas nunca devem se misturar! Atenha-se às convenções que você estabeleceu. Se relaxar e colocar uma tarefa pessoal (comprar ingressos para uma peça de teatro) em sua lista de tarefas profissional porque é mais cômodo, a tarefa sairá de sua cabeça e, justamente quando você estiver se preparando para relaxar, pode se ver diante de um grande problema, porque perdeu a chance de comprar os ingressos, que agora estão esgotados!
- A abordagem dos dois conjuntos independentes de 4 Núcleos também pode resolver o problema do acesso. Se você não tem acesso ao sistema de seu trabalho em seu tablet ou smartphone, pode manter

seus 4 Núcleos pessoais e profissionais separados, tendo em mente (como já dissemos) que os dois jamais devem se encontrar.

Para criar seu sistema pessoal, há uma série de serviços na nuvem que podem ser usados para administrar cada um dos diferentes elementos dos 4 Núcleos ou vários deles. Para encontrá-los, basta entrar na loja de apps de seu dispositivo e fazer uma busca usando termos como "tarefas", "notas" ou "anotações". Alguns desses serviços já vêm instalados nos dispositivos e foram projetados para se sincronizarem com outros aparelhos. O importante é escolher com cuidado os melhores serviços que lhe possibilitem ter tudo em todo lugar.

Também recomendamos procurar um app desenvolvido por uma empresa bem estabelecida, o que aumenta as chances de o sistema escolhido não ser descontinuado.

ABORDAGEM MISTA

Ao administrar os 4 Núcleos, o ideal é ter um sistema para cada um deles. Isso não significa, contudo, que todos precisam ser mantidos em uma agenda de papel ou em um sistema digital. Você pode utilizar um sistema misto, desde que tenha um para cada um de seus 4 Núcleos. É possível optar por manter sua agenda de compromissos em um sistema digital pela facilidade de sincronização em todos os dispositivos e fazer o mesmo com seus contatos. Outra opção é registrar sua lista de tarefas e anotações mais importantes em um caderno ou agenda de papel.

Escolher o sistema em papel ou o digital não faz muita diferença, contanto que a abordagem seja adequada a suas necessidades e que você siga os princípios para mantê-los organizados. E, mais importante, a abordagem escolhida deve aumentar sua capacidade de se concentrar no Q2.

AVALIE SEUS 4 NÚCLEOS

Sherry, por exemplo, reservou um tempo para avaliar onde efetivamente manter seus 4 Núcleos. Veja o que ela constatou:

- **Compromissos.** Ela mantém os compromissos pessoais em uma pequena agenda de papel na bolsa e os profissionais no sistema da empresa. Isso viola a Regra do Um, podendo levá-la a marcar dois compromissos, um pessoal e um profissional, no mesmo horário e deixar passar compromissos profissionais importantes durante seu Planejamento Semanal do Q2, já que ela só costuma acessar o sistema no trabalho. Às vezes, Sherry anota rapidamente eventos importantes do trabalho em sua agenda de papel, mas, como não gosta de perder tempo passando tudo a limpo, suas duas agendas acabam ficando incompletas.

- **Tarefas.** Sherry mantém as tarefas em uma lista em sua agenda de papel. Trata-se de um bom uso da Regra do Um, mas ela constatou que não está se beneficiando das vantagens de administrar as tarefas usando um sistema informatizado.
- **Contatos.** Sherry tem duas listas de contatos. Uma delas inclui todos os contatos no celular; a outra, os contatos profissionais no computador. Como os dois sistemas não podem ser sincronizados, contudo, ela não raro tem informações duplicadas ou desatualizadas de contatos profissionais no celular.
- **Anotações/documentos.** Sherry faz anotações em um bloco de notas de papel e armazena os documentos no computador. Ela acha que esse esquema funciona bem.

Depois de refletir a respeito, Sherry criou um sistema integrado para ajudá-la a administrar melhor seus 4 Núcleos. Veja o que ela fez:

- **Compromissos.** Ao conversar com o pessoal do departamento de informática de sua empresa, Sherry soube que poderia configurar facilmente seu celular para acessar as informações profissionais e pessoais e ter uma visão completa de sua agenda de compromissos em qualquer lugar, sem correr o risco de marcar mais de um compromisso no mesmo horário. Ela transferiu sua agenda pessoal para um serviço online e agora leva uma agenda integrada consigo o tempo todo.
- **Tarefas.** Sherry encontrou um serviço de tarefas na internet com apps simples que lhe permitem armazenar todas as tarefas na nuvem e visualizá-las de maneira unificada. Ela continua mantendo suas tarefas profissionais e pessoais em categorias separadas, porém todas

são visualizadas no mesmo programa, o que constitui um bom uso da Regra do Um.

- **Contatos.** Sherry usou a mesma solução que a ajudou a unificar suas agendas de compromissos para organizar os contatos. Seus contatos pessoais já estavam no celular, de modo que ela só precisou eliminar algumas duplicidades.
- **Anotações/documentos.** Como gosta de fazer anotações no papel e não encontrou uma solução eletrônica de seu agrado, Sherry praticamente não alterou esse sistema. Suas anotações pessoais são mantidas em um caderno e todos os seus documentos eletrônicos mais pesados ficam no computador.

Observe como ficou o novo sistema de Sherry:

	NO PAPEL	DIGITAL		
		CELULAR	TABLET	LAPTOP/ DESKTOP
COMPROMISSOS		✓		✓
TAREFAS		✓		✓
CONTATOS		✓		✓
ANOTAÇÕES/ DOCUMENTOS	ANOTAÇÕES PESSOAIS			DOCUMENTOS PESADOS

Com apenas algumas alterações, Sherry passou a ter um sistema muito mais integrado para administrar seus 4 Núcleos. Orientando-se pela Regra do Um, seus compromissos e tarefas agora são sincronizados no celular e no laptop. Suas informações mais importantes estão sempre disponíveis para todos os papéis de sua vida. Ela ainda não tem um tablet, mas está pensando em comprar um para se dar de presente de aniversário. Nesse caso, ela sabe que, com apenas algumas configurações, terá acesso imediato a todas as informações também no novo dispositivo. De acordo com Julie Morgenstern, especialista em organização, em geral a solução é "reservar um tempo para avaliar o que você tem e transferir cada item para um único lar".[9]

ESBOCE SEU PLANO DE BATALHA: O MAPA DO PROCESSO DO Q2™

Uma vez criado um sistema robusto para manter seus 4 Núcleos organizados, você está pronto para usar o Mapa do Processo do Q2. Esse mapa revela como tudo o que você aprendeu até agora se encaixa para ajudá-lo a vencer a batalha em meio à torrente de informações de seu dia a dia. Ele mostra como alavancar a tecnologia para manter sua atenção e energia focadas nas importantes atividades do Q2.

Veja a versão básica do Mapa do Processo do Q2:

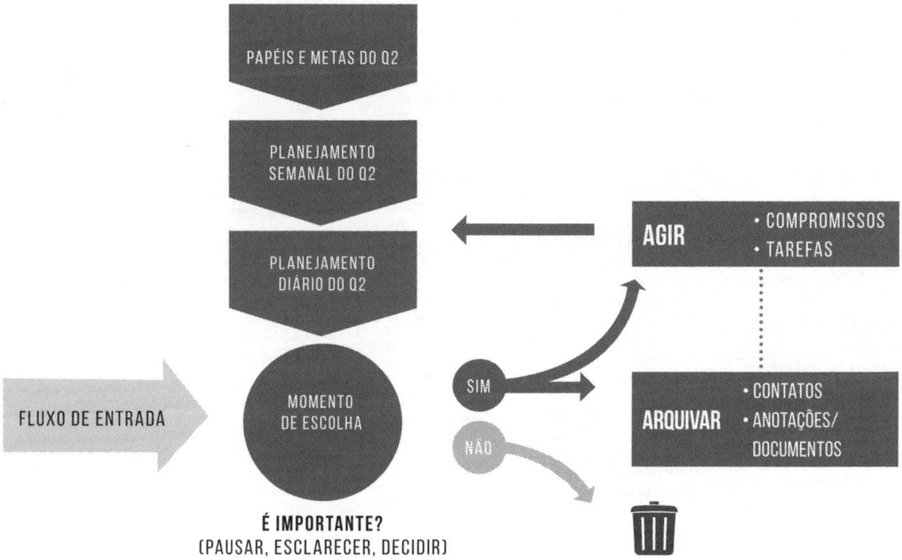

A coluna do meio mostra como seus Papéis e Metas do Q2 fundamentam seu Planejamento Semanal do Q2 e seu Planejamento Diário do Q2, ajudando-o no momento de escolha. Se fosse só isso e tudo na vida acontecesse de acordo com o plano, não precisaríamos de mais nada.

No entanto, ainda existe aquela seta à esquerda. Ela representa o fluxo irrefreável de informações, tarefas, compromissos e demandas que entram, competindo por seu tempo, atenção e energia. E também inclui excelentes oportunidades e decisões de alto retorno a serem tomadas.

A coluna do meio e o fluxo de entrada se encontram no momento de escolha, em que a batalha por nossa melhor atenção e energia é travada. É aí que fazemos uma pausa, esclarecemos e decidimos para discernir o que – entre todos os novos e-mails, mensagens de texto, telefonemas, pessoas e atribuições – mais importa para que possamos defender nossas prioridades do Q2 das coisas menos importantes.

Se um novo item não é importante, ele está no Q3 ou no Q4 e vai para a lata de lixo. Como não queremos desperdiçar nosso precioso tempo, atenção e energia em uma coisa desse tipo, nós a descartamos.

Se um novo item é importante, ele está no Q1 ou no Q2 e pode entrar no sistema que você criou para administrar seus 4 Núcleos!

- Se é um compromisso ou uma tarefa, o item requer uma ação de sua parte, de modo que deve ser incluído em sua agenda de compromissos ou em sua Lista Mestra de Tarefas.
- Se você não pode fazer nada a respeito, mas o item é uma informação a ser consultada mais tarde – um contato ou uma anotação/documento –, você deve registrá-lo no local apropriado, seja em meio eletrônico, seja em papel.

Como já temos um sistema para administrar nossos 4 Núcleos e já sabemos com clareza onde estão nossas coisas, podemos acessar esse sistema sempre que for necessário e ele estará automaticamente disponível para nosso Planejamento Semanal e Diário do Q2. Assim, quando nos encontrarmos no modo de Planejamento do Q2 (aquele estado de espírito pensativo e ponderado), nossas informações mais importantes já estarão organizadas de modo a nos ajudar a incluir as Grandes Rochas na agenda. Esse planejamento autorreforçador e o sistema organizador abastecem nossa capacidade de discernir a cada momento de escolha, de maneira que as coisas importantes não se tornem vítimas da batalha diária por nosso tempo, atenção e energia.

OS 3 MOVIMENTOS ESSENCIAIS

Agora que você já conhece o fluxo do mapa básico do Processo do Q2, vamos acrescentar três elementos à parte inferior para criar o mapa completo. Trata-se dos 3 Movimentos Essenciais, que podem ajudá-lo a alavancar as funcionalidades de seus sistemas tecnológicos e assim aumentar acentuadamente a eficácia desses sistemas enquanto você lida com as novas demandas e organiza seus 4 Núcleos.

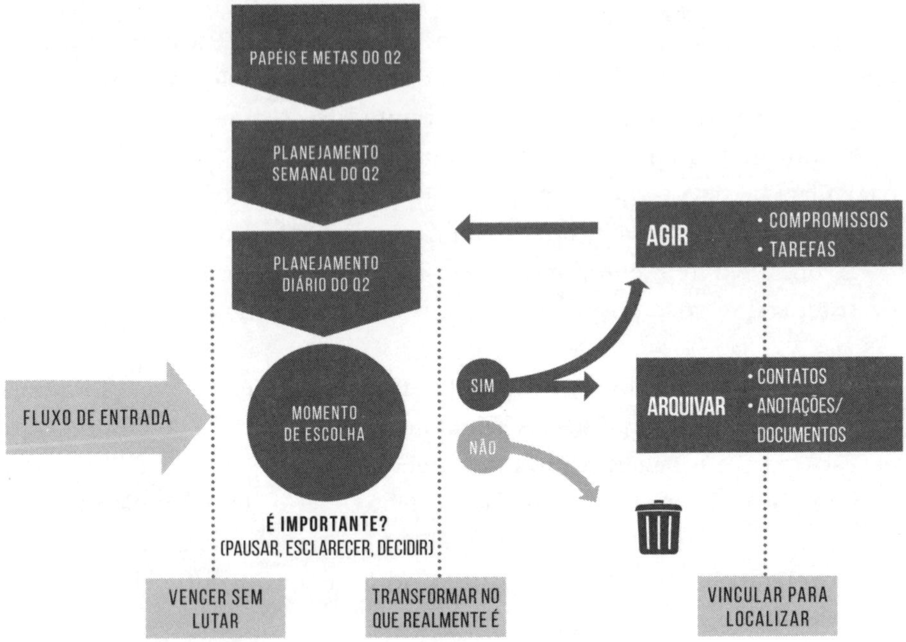

A expressão *movimento essencial* também vem das artes marciais, mais especificamente da arte do kenpô norte-americano.[10] Descreve um movimento ou conceito fundamental que, se bem aprendido, pode ser utilizado em várias situações, somente com pequenas adaptações. É a doutrina marcial de dominar um conceito para aprender mil técnicas. Ou, como disse o mestre espadachim japonês Miyamoto Musashi, "Com base em uma coisa, eu sei dez mil".

É a regra dos 80/20, de que algumas ideias levam a resultados desproporcionalmente grandes. Escolhemos meticulosamente os 3 Movimentos Essenciais no Mapa do Processo do Q2 porque, se bem aprendidos e aplicados, eles terão grande impacto em sua capacidade de vencer.

Vamos concentrar nossa discussão sobre esses movimentos essenciais em uma das fontes de demanda mais difíceis que as pessoas enfrentam hoje em dia no trabalho: a caixa de entrada de e-mails. No entanto, se você aprender os princípios por trás dos movimentos essenciais, poderá aplicá-los de várias maneiras e a uma série de tecnologias que funcionam como canais de entrada, incluindo as de mensagens de texto, mídia social e apps de mensagens instantâneas, e até às próprias pessoas, dependendo das circunstâncias.

MOVIMENTO ESSENCIAL 1: VENCER SEM LUTAR

No Mapa do Processo do Q2, esse movimento essencial fica entre o fluxo de entrada irrefreável e o momento de escolha.

Hoje, mais de 196 bilhões de e-mails são enviados e recebidos diariamente. Em um dia de trabalho qualquer, as pessoas enviam e recebem em média 121 e-mails e, de acordo com projeções, esse número só tende a crescer.[11] É crucial fazer os movimentos certos para transformar nossa caixa de entrada não no temido trabalho do dia, mas em uma ferramenta de produtividade extremamente útil.

Veja a grande mudança de paradigma envolvendo o e-mail. Um e-mail é muito mais do que uma simples mensagem. Na verdade, cada e-mail representa uma *decisão*. Vimos no Capítulo 1 que um dos problemas mais generalizados do século 21 para quem trabalha com conhecimento é o grande número de decisões que precisam ser tomadas ao longo do dia. E, quando ficamos ocupados deletando, transferindo, respondendo ou sendo tentados pelos e-mails, estamos usando uma energia que seria muito mais bem aplicada em outros lugares.

O conceito do Vencer Sem Lutar se baseia no princípio da automação. A ideia é automatizar com segurança o maior número possível de decisões para que nosso cérebro não precise gastar energia em tarefas mundanas, inúteis ou desnecessárias.

Uma das maneiras mais eficazes de automatizar os e-mails que você recebe é dominar as funções de regras ou filtros de seu programa de e-mail. Regras ou filtros podem transferir automaticamente muitos de seus e-mails para onde você quiser antes mesmo de eles chegarem a sua caixa de entrada!

Por exemplo, você pode configurar regras para automaticamente:

- Deletar e-mails indesejados por meio de filtros de *spam*.
- Deletar e-mails irrelevantes que não dizem respeito a você.
- Priorizar a lista "cc" e a função "Responder a Todos".
- Marcar e-mails de pessoas importantes, como seu chefe, cônjuge, principais membros da equipe e assim por diante.
- Transferir importantes documentos de referência, periódicos especializados e afins para pastas específicas para serem lidos mais tarde.

- Transferir e-mails não urgentes de determinados grupos de usuários, como pessoas que você não conhece, para uma pasta personalizada para análise posterior.
- Encaminhar e-mails específicos, como relatórios, a determinadas pessoas.
- Enviar uma resposta automática aos remetentes para informar que você está de férias ou dizer quando vai poder responder.
- Copiar e-mails específicos em locais diferentes.

Você deve, é claro, seguir todas as diretrizes corporativas que governam o que se pode fazer com os e-mails da empresa. Entretanto, ao reservar um tempo do Q2 para configurar essas regras, você poupará milhares de horas mais adiante. Digamos, por exemplo, que você receba cem novos e-mails por dia. Quantos deles são importantes?

Vamos partir das premissas a seguir:

- Trinta e-mails (30%) são cruciais e requerem sua atenção imediata.
- Quarenta e-mails (40%) são importantes, mas não requerem ação imediata (relatórios, e-mails enviados em cópia, status do projeto etc.).
- Trinta e-mails (30%) são desperdício de tempo e nem deveriam ter sido recebidos (*spams* e outras mensagens sem importância).

Suponhamos também que você leve em média 15 segundos para decidir o que fazer com cada e-mail. Isso significa que vai gastar 25 minutos por dia só realizando uma triagem básica dos e-mails que recebe. Seriam, portanto, mais de duas horas em uma semana de cinco dias de trabalho gastas só na triagem dos e-mails, sem efetivamente fazer nada com eles.

Mas vamos ser realistas. O que, na verdade, acontece é que, à medida que lê cada e-mail, você começa a carregar seu cérebro com todo tipo de questão, você os lê e relê e às vezes responde. Não raro passa para o e-mail seguinte, deixando para mais tarde a decisão quanto ao anterior. Com o tempo, acaba com uma caixa de entrada cheia, com centenas de e-mails em vários estágios de incerteza e conclusão, constituindo uma fonte de estresse mental que paira sobre sua cabeça durante todo o dia.

Se, contudo, você configurasse algumas regras capazes de descartar com precisão os 30% dos e-mails que nem deveria ter recebido, lidar automaticamente com boa parte dos 40% que são importantes, mas não urgentes, e marcar os 30% cruciais, você teria uma experiência completamente diferente com seus e-mails.

Para começar, você nem chegaria a ver um monte de e-mails, que teriam sido automaticamente deletados ou arquivados. Isso lhe possibilitaria recuperar grande parte das duas horas semanais gastas só na triagem de seus e-mails.

Desse modo, você poderia direcionar facilmente sua atenção às mensagens que saberia serem importantes, porque as regras configuradas o ajudariam a identificá-las rapidamente.

> Um de nossos clientes contou que, depois de aplicar o conceito do Vencer Sem Lutar a sua caixa de entrada, ele saiu de férias e passou alguns dias sem checar os e-mails. Quando voltou, sentou-se à mesa, respirou fundo, abriu o programa e, com expectativa, clicou no botão "Receber". Ele se maravilhou com o que aconteceu em seguida. Segundo ele, cerca de trezentos e-mails foram carregados e, ao mesmo tempo, uns oitenta simplesmente desapareceram, graças às configurações. Foi uma experiência visceral para ele, que o fez perceber quanto tempo e energia ele teria sido obrigado a gastar lidando com oitenta e-mails a mais. Todas as decisões já tinham sido tomadas previamente e ele não precisou mais gastar energia mental para fazer isso. Desse modo, conseguiu curtir a bateria recarregada nas férias por mais um tempo enquanto lidava só com as tarefas mais importantes, que realmente demandavam sua atenção.

Uma excelente melhor prática para administrar os e-mails inclui reservar um tempo do Q2 para checá-los ao longo do dia – um Fuso Horário do Q2. Fazendo isso, você pode checar os e-mails, por exemplo, a cada duas horas e não a cada dois minutos. Pesquisas demonstram que, toda vez que você interrompe o que está fazendo e sai de seu fluxo de trabalho, o tempo de recuperação necessário para reorientar sua atenção fica cada vez mais longo. Aplicando essa regra, você pode se concentrar em seu trabalho e, em um ponto de parada natural, verificar se alguma tarefa importante chegou, sem se distrair com os outros trinta e-mails que entraram enquanto você estava trabalhando.

Nem todo mundo pode se dar ao luxo de checar os e-mails apenas em momentos preestabelecidos. Algumas pessoas têm de responder imediatamente às demandas – "Quando meu chefe precisar de mim, ele vai precisar de mim *na hora*". A maioria das tecnologias inclui funcionalidades que possibilitam marcar as pessoas que demandam uma resposta imediata. Você precisa de uma cor, um som ou uma janela abrindo na tela para alertá-lo de mensagens de seu chefe, cônjuge ou parceiro? Configure essa regra para alocar sua melhor atenção e energia para seu trabalho sem se preocupar com a possibilidade de deixar passar alguma mensagem dessas pessoas.

Tome cuidado para não priorizar gente demais. Escolha apenas duas ou três pessoas que exigem uma resposta imediata, não mais do que isso. Do contrário, você vai acabar com uma confusão caótica de apitos e toques puxando-o de volta exatamente ao ponto de partida: um dia repleto de distrações e interrupções.

Você acha que está usando as funções e regras de seu programa de e-mail para Vencer Sem Lutar? Pense um pouco a respeito. Você pode constatar que:

- Nunca configurou qualquer regra e não sabia que havia essa possibilidade.
- Configurou algumas regras, mas nunca as atualizou.
- Configurou algumas regras e percebeu que pode automatizar um número muito maior de e-mails.
- Já tem várias regras e as mantém ativamente atualizadas, o que lhe poupa muito tempo, atenção e energia. Você é um verdadeiro ninja da administração de sua caixa de entrada de e-mails.

Não é difícil fazer a configuração. Com apenas 30 minutos de tempo do Q2, é possível configurar um sistema de regras que se pagará em tempo poupado em apenas um ou dois dias. Tudo a partir desse ponto será um lucro contínuo no que se refere a tempo, atenção e energia recuperados.

Depois de configurar seu sistema de regras ou filtros, não deixe de atualizá-lo sistematicamente. Continue discernindo as novas mensagens que chegam pelo ponto de vista dos quadrantes. Procure padrões para automatizar as mensagens e oportunidades de priorização. Ao encontrar um padrão ou uma oportunidade, basta reservar um ou dois segundos adicionais para criar uma regra para essas mensagens, possibilitando a seu programa de e-mail lidar com elas automaticamente a partir desse momento.

Se sua caixa de entrada é um desastre total, repleta de várias centenas (ou até milhares!) de e-mails e você nem sabe por onde começar, consulte a seção "Detox da caixa de entrada: uma ajuda para quem está atolado de e-mails", na página 124.

OTIMIZE ESSE MOVIMENTO

Como já dissemos, demos o exemplo da caixa de entrada de e-mails porque muita gente tem esse problema no trabalho. No entanto, o princípio do Vencer Sem Lutar pode ser aplicado a muitas outras tecnologias e circunstâncias:

- Você pode usar as funcionalidades de seu celular para configurar um toque de chamada especial para os poucos relacionamentos mais importantes e um toque diferente para os outros relacionamentos. Desse modo, você será alertado com toques diferenciados assim que receber uma mensagem de texto ou ligação e saberá imediatamente o que fazer. Você também pode definir alguns números para que nem cheguem a tocar e sejam encaminhados diretamente para seu correio de voz. Assim, você decide de quem vai aceitar uma interrupção de seu fluxo e como vai fazer isso. Isso mantém sua atenção e seu cérebro focados na importante tarefa em questão.
- Delegar tarefas a alguém pode ser visto como outro modo de automação. Será que você não está tomando até as menores decisões quando alguém de sua equipe poderia fazer isso e livrar sua mente para tarefas de maior valor? Ao dedicar algum tempo a ajudar essa pessoa a lidar melhor com as tarefas menores, você estará automaticamente removendo essas tarefas de sua caixa de entrada no futuro e, como bônus, contribuindo para que os outros cresçam profissionalmente.
- Se você tem a sorte de contar com a ajuda de um assistente, esse tipo de mentalidade também é útil. Quanto melhor e mais confiável essa pessoa for no trabalho, menos coisas chegarão até você

ou pelo menos já chegarão classificadas e organizadas. Dar esse tipo de autonomia de decisão a seu assistente elimina tarefas que de outra maneira estariam enchendo sua caixa de entrada mental.

O SAMURAI SÁBIO

O "Movimento Essencial 1:Vencer Sem Lutar" pode ser resumido com uma famosa fábula japonesa.

> Um dia, um jovem samurai estava em uma balsa com um lendário espadachim conhecido em todo o Japão. Querendo provar seu valor, o espadachim chamou o Mestre para um duelo. Ele o desafiou com grande confiança, gritando: "Um de nós vai morrer!".
>
> O Mestre não respondeu. Ele já havia enfrentado muitos adversários e estava cansado de batalhas inúteis.
>
> O jovem samurai se ofendeu e gritou ainda mais alto: "Venha lutar comigo agora e um de nós vai morrer!".
>
> Finalmente, depois de muitas tentativas do jovem, o Mestre levantou-se e disse: "Aceito seu desafio, mas algumas pessoas nesta balsa podem se ferir. Vamos àquela ilha para podermos lutar sem restrições".
>
> O jovem samurai aceitou a oferta e se colocou, atrevido, à frente da balsa que se dirigia à ilha.
>
> Quando lá chegaram, o Mestre fez a cortesia de permitir que o jovem samurai desembarcasse primeiro e rapidamente se afastou da ilha com a balsa, deixando o outro, humilhado, para trás.

Enfrentamos batalhas diárias que tentam nos impedir de entrar no Q2, mas nem precisaríamos nos envolver em muitas delas. Se você for sábio, será capaz de Vencer Sem Lutar e deixar muitas coisas na ilha, engajando-se apenas no que é realmente importante. Saber quais batalhas podemos ignorar e configurar sistemas automáticos para impedi-las de nos distrair de propósitos mais elevados constitui a essência do Movimento Essencial 1.

Nas palavras do clássico estrategista militar Sun Tzu, "a suprema arte é subjugar o inimigo sem lutar".[12]

MOVIMENTO ESSENCIAL 2: TRANSFORMAR NO QUE REALMENTE É

Agora que automatizamos parte de nosso fluxo de entrada, podemos passar para o próximo movimento essencial, posicionado depois do momento de escolha no Mapa do Processo do Q2. O objetivo desse movimento é eliminar quaisquer Q3s e Q4s que sobraram na caixa de entrada, mesmo tendo passado pelas regras ou filtros, e administrar os Q1s e Q2s com eficácia.

Para muitas pessoas, esse trabalho ainda pode representar um número enorme e opressivo de e-mails. É importante resolver esse problema não só para a produtividade, mas também para a saúde. Um estudo recente constatou que os e-mails podem intensificar os sintomas físicos do estresse, incluindo aumento da pressão arterial, frequência cardíaca e níveis do hormônio cortisol. É interessante notar que o estudo também revelou que:

> Os e-mails irrelevantes, que interrompiam o trabalho ou demandavam uma resposta imediata, mostraram-se particularmente onerosos, ao passo que os e-mails recebidos em resposta a um trabalho concluído apresentaram um efeito tranquilizador. Arquivar e-mails em pastas também reduziu os níveis de estresse e levou a uma sensação de bem-estar por ajudar as pessoas a se sentir no controle da situação.[13]

Pare por um momento para avaliar de que maneira você está administrando sua caixa de entrada de e-mails. Você se identifica com alguns dos comportamentos a seguir?

- Leio um e-mail, digo a mim mesmo "Vejo direito mais tarde", rolo a tela e perco o e-mail de vista.
- Leio um e-mail e o marco como não lido para lidar com ele mais tarde.
- Transfiro e-mails para subpastas para limpar minha caixa de entrada, mas acabo preocupado com a possibilidade de ter colocado os e-mails em pastas erradas (por exemplo, e-mails que deveriam ter entrado na pasta do chefe).
- Imprimo e-mails com tarefas a fazer e os incluo em uma pilha de papéis em minha mesa para lidar com eles quando tiver um tempo.

- Uso minha caixa de entrada como um sistema de arquivamento e guardo tudo lá. Utilizo a função de pesquisa quando preciso encontrar e-mails antigos. Fico torcendo para não ter deixado passar nada importante no processo.
- Entro em pânico quando meu chefe liga e pergunta: "Você recebeu meu e-mail?". Procuro freneticamente na caixa de entrada tentando achar o e-mail no meio de todo o cascalho.
- Sinto um incômodo constante porque sei que minha caixa de entrada está um caos.
- Eu basicamente vivo para dar conta de minha caixa de entrada.

Então, quantos e-mails que você tem em sua caixa de entrada neste exato momento, tanto lidos como não lidos? Centenas? Milhares? Algumas empresas já começaram a esvaziar automaticamente as caixas de entrada dos funcionários a cada trinta ou sessenta dias para reduzir o volume nos servidores. A medida pode soar terrível, mas obriga as pessoas a limpar a caixa de entrada e salvar os itens importantes, arquivando-os antes de serem deletados. Embora o recurso do arquivamento seja interessante, arquivar centenas e milhares de e-mails é uma tarefa hercúlea e não o ajuda a realizar as coisas certas.

Para entender o Movimento Essencial 2, é interessante perceber que todos os e-mails na verdade não passam de um ou mais itens dos 4 Núcleos: um compromisso, uma tarefa, um contato ou uma anotação/documento. Quando você analisa cada e-mail usando essa referência, percebe que as informações contidas no e-mail se encaixam em algum lugar em seu sistema dos 4 Núcleos.

Por exemplo, um e-mail costuma ser algo como:

> Para: Jaime
> Cc: Tomaso
> De: Kiyomi
> Assunto: Para a reunião da semana que vem
>
> Jaime,
> Antes de mais nada, prazer em conhecê-lo. Não vejo a hora de me encontrar com você pessoalmente na semana que vem e me

inteirar do projeto. Você poderia dar uma olhada no documento anexo para ver se os resultados do Brasil e da Argentina estão certos? Vou precisar de uma resposta até sexta-feira.

Obrigada,
Kiyomi
<<anexo>>

Muitas pessoas, quando recebem um e-mail como esse, passam os olhos por ele rapidamente e deixam a mensagem na caixa de entrada com todos os outros e-mails para tratar do assunto depois.

Pare de ler agora e veja se consegue decompor o e-mail do exemplo e classificar as informações para Jaime de acordo com os 4 Núcleos. Qual(is) categoria(s) de informação o e-mail contém?

- **Compromisso:** Jaime precisa marcar uma reunião com sua equipe para analisar os resultados do Brasil e da Argentina.
- **Tarefa:** Jaime tem de analisar os dados antes da reunião com a equipe.
- **Contato:** Jaime não conhecia Kiyomi e deve guardar as informações de contato dela.
- **Anotação/documento:** Jaime precisa armazenar o documento anexo para analisá-lo mais tarde.

Depois de identificar os 4 Núcleos, *imediatamente* "transforme no que realmente é" e tire o item de sua caixa de entrada. A regra básica é fazer isso de uma vez só. Veja um exemplo.

Primeiro, Jaime precisa marcar o compromisso na agenda. Se ele usa um programa como o Outlook, o Google ou o IBM Notes, tem à disposição uma excelente funcionalidade que lhe possibilita fazer isso com facilidade. Em muitos casos, com apenas um clique, é possível criar uma reunião e enviá-la à agenda dos participantes. Na maioria dos casos, a conversa por e-mail e até os anexos são incluídos no compromisso. Isso facilita ainda mais tirar as informações da caixa de entrada.

Em seguida, Jaime tem de analisar os dados antes da reunião com a equipe. Com um simples processo de arrastar, soltar ou clicar no menu do sistema, o e-mail pode ser transformado em uma tarefa e incluído na

Lista Mestra de Tarefas. Na maioria dos casos, é possível atribuir um prazo inicial e/ou final para a tarefa, bem como uma prioridade.

Ao criar uma tarefa, recomendamos vivamente iniciar o título com um verbo de ação. Nossas listas de tarefas são longas e, quando finalmente chegamos a uma tarefa, se o título for apenas "Dados do Brasil", podemos não nos lembrar do que pretendíamos fazer com os dados. Usar um verbo de ação dá especificidade à tarefa: "Analisar dados do Brasil e da Argentina".

Em seguida, Jaime ainda não tem as informações de contato de Kiyomi. Não raro vemos pessoas recortando e colando as informações em um novo contato quando, na verdade, o sistema já pode vir com o recurso, facilmente acessível pelo menu, de transformar imediatamente o remetente do e-mail em um contato, preenchendo automaticamente alguns campos sem que o usuário tenha de fazer nada. Não importa o método utilizado, não deixe de transferir as informações de contato para seu sistema.

Por fim, Jaime também precisa armazenar o documento em seu sistema eletrônico de anotações/documentos para acessá-lo quando necessário. (Vamos mostrar algumas maneiras ainda mais eficazes para fazer isso quando tratarmos do "Movimento Essencial 3: Vincular para Localizar".)

Agora que esse e-mail foi transformado no que ele realmente é, utilizando o modelo dos 4 Núcleos, é possível deletar o e-mail com confiança, sabendo que não nenhuma informação será perdida.

Quando você percorre o processo de sistematicamente transformar as coisas no que elas são, nada se perde. *Tudo* está no devido lugar e facilmente acessível para tomar providências quando chegar a hora. Isso o ajudará a limpar e organizar sua caixa de entrada e lhe dará maior paz de espírito. E você poderá se manter trabalhando no modo do Q2, em atividades importantes, mas não urgentes. Além disso, na eventualidade de crises do Q1, você estará mais preparado para resolvê-las, porque tudo estará em ordem e você não será pego de surpresa.

Uma caixa de entrada organizada possibilita uma mente organizada. Não há nada mais tranquilizador do que ver o número de e-mails reduzido a apenas alguns poucos e saber que tudo está no lugar certo.

Mas tome cuidado para não exagerar na direção oposta. Não entre no Q3 e no Q4 tentando transformar tudo nos 4 Núcleos. Não transforme um e-mail desnecessariamente em algum item dos 4 Núcleos quando você poderia apenas se livrar dele. Use a regra dos cinco segundos: se você puder resolver a situação ou responder rapidamente a uma pergunta agora mesmo, faça isso, sobretudo se tiver reservado um tempo para limpar sua caixa de entrada. Esforce-se para se manter consciente no decorrer do processo, para não se perder nos e-mails. Se vir que está começando a levar tempo demais, transforme o e-mail nos 4 Núcleos e deixe-o para depois.

Como esse movimento essencial nos ajuda a colocar informações importantes em um sistema organizado, ao fazermos nosso Planejamento Semanal e Diário do Q2, fi ca fácil verificar o que precisa ser feito. Dispomos de uma Lista Mestra de Tarefas robusta e completa, temos os compromissos mais importantes anotados em nossa agenda e sabemos onde estão nossos contatos, anotações e documentos importantes. Com isso, temos condições de fazer escolhas ponderadas e precisas e focar nossa atenção nas Grandes Rochas.

Os dois primeiros movimentos essenciais atuam juntos e revolucionaram a vida de muitos de nossos clientes. Um deles nos fez o seguinte relato:

> Fiquei tão empolgado com tudo o que aprendi sobre minha caixa de entrada e minha agenda que dediquei a noite de sexta-feira a organizar tudo. Passei de mais de 19 mil e-mails na minha caixa de entrada para zero! Configurei regras, pastas e subpastas. É tão bom me organizar! Eu não fazia ideia de quanto me estressava com minha caixa de entrada toda manhã.

Outro cliente contou:

> Fazer uma limpeza inicial nos meus 7,5 mil e-mails já foi uma façanha e tanto, mas eu queria contar para vocês que, duas semanas depois do webinar, eu só tenho um e-mail em minha caixa de entrada... e ainda acho demais! Nunca passei tanto tempo no controle da situação. Nem consigo imaginar voltar ao ponto em que estava antes.

Quando você se der conta da eficácia desses dois primeiros movimentos essenciais, poderá fazer sua caixa de entrada trabalhar para você e não o contrário. Conforme já dissemos, sistemas como o Outlook, o Google e o IBM Notes fazem a integração entre e-mails, agenda e listas de tarefas, o que pode facilitar ainda mais o segundo movimento essencial.

OTIMIZE ESSE MOVIMENTO

Quando você dominar o Movimento Essencial 2, vai até querer encorajar as pessoas a lhe mandar e-mails para poder incluí-los no processo de "transformar no que realmente é". Por exemplo:

- Se alguém lhe pergunta se você e seu diretor-financeiro podem participar de uma reunião amanhã, às 10h00, você pode pedir que a pessoa lhe envie um e-mail com os detalhes ou um convite de reunião e, assim, incluir facilmente esses dados em sua agenda.
- Se uma pessoa com quem você está almoçando pergunta se você tem tempo para dar uma olhada em um relatório e você aceita a tarefa, peça que a pessoa lhe mande um e-mail com os documentos anexos para transformá-lo em uma tarefa.

Quando você puser em prática esse movimento essencial, vai começar a ver todas as tarefas, atividades e demandas de seu fluxo de entrada em termos dos 4 Núcleos. Com ou sem tecnologia, sua reação natural a tudo será "transformar no que realmente é". Por exemplo:

- Você recebe uma mensagem de texto pedindo que compre leite e pão a caminho de casa e imediatamente a inclui em sua lista de tarefas. Se a mensagem é eletrônica, você pode até incluir um lembrete, para não precisar se preocupar mais com isso e poder relaxar à noite!
- Você vê um outdoor com detalhes de um novo musical que vai estrear em breve em sua cidade, ao qual você sempre teve vontade de assistir. A informação não pode simplesmente ficar em sua cabeça. Você a inclui em sua Lista Mestra de Tarefas! (Se estiver dirigindo, pare o carro para fazer isso com segurança!)
- Você encontra algumas receitas que gostaria de tentar fazer um dia. Você as inclui em suas anotações, em vez de deixá-las desaparecer no

meio das desanimadoras pilhas de papel enfiadas de qualquer jeito em uma gaveta de sua cozinha.

A ideia é que, uma vez criado um sistema robusto para lidar com os 4 Núcleos, quando você depara com alguma informação importante, bastam alguns segundos para incluí-la nesse sistema e assim incorporá-la a seu Planejamento do Q2, tendo-a disponível para quando precisar.

MOVIMENTO ESSENCIAL 3: VINCULAR PARA LOCALIZAR

Você já se atrasou para uma reunião porque não conseguiu encontrar todas as informações das quais precisava? Ou até conseguiu reservar duas horas para trabalhar em um projeto, mas passou a primeira meia hora procurando as informações relevantes?

Quando está ocupado procurando as coisas, em que quadrante você se encontra? Em geral, no Q1, por autoimposição. É possível aproveitar melhor nosso tempo, e isso é o que o "Movimento Essencial 3:Vincular para Localizar" nos ajuda a fazer.

O Movimento Essencial 3 também implica uma mudança de paradigma, que é ver como as informações se relacionam e vincular, de maneira proativa, antecipadamente e o máximo possível, os itens aos 4 Núcleos para não perder tempo procurando por eles depois. O processo se baseia no princípio da preparação e, na maioria dos casos, não requer muito tempo.

Apesar de haver muitas funções de busca bastante eficazes para os dados digitais, quanto mais informações importantes você organizar e vincular, menor será o risco de não encontrar as informações necessárias, maior será sua confiança e menos tempo sua atenção passará distraída e afastada do importante trabalho em questão. Além disso, as funções de busca não servem apenas para informações no papel!

A vinculação pode ser feita de vários modos:

- Incluindo o arquivo em si.
- Incluindo um hyperlink ativo.
- Criando um link textual.

Veja alguns exemplos de como isso funciona:

- John tem uma reunião programada para daqui a algumas semanas e sabe que vai precisar apresentar alguns relatórios. Então, em vez de esperar até o último minuto, ele já deixa incluídos os documentos eletrônicos no compromisso em sua agenda de modo que, na reunião, bastará um clique de mouse para acessar as informações.
- Se John quiser evitar criar um documento duplicado, o que ele faria se copiasse o documento no compromisso, ele pode usar um programa que possibilita criar um hyperlink ativo para esse documento, que ficará armazenado em outro lugar no disco rígido dele. Assim, quando ele clicar no link, o arquivo original será aberto. Ele também pode copiar e colar um link levando a um artigo que ele leu na internet e que inclui algumas informações pertinentes para a reunião. Desse modo, ao chegar à reunião, bastará clicar no link do compromisso em sua agenda para ter acesso às informações.
- Suponhamos que John use um sistema em papel ou precise usar alguns arquivos que não estão em seu disco rígido nem na rede. Nesse caso, ele pode usar um "link textual" (semelhante a um hyperlink) para se lembrar dos documentos que precisa levar e de onde eles estão localizados. Em outras palavras, ele pode digitar, no campo de observações do compromisso, uma referência como:

  <Arquivo de Marketing/Relatórios Trimestrais/Relatório de Formação de Preços de Mercado>

  Os sinais abrindo e fechando a referência indicam informações relevantes à reunião. A referência indica qual é a informação e onde ela pode ser encontrada (Arquivo de Marketing/Relatórios Trimestrais) e o documento do qual ele vai precisar na reunião (Relatório de Formação de Preços de Mercado). O formato é semelhante a um hyperlink usado na internet ou que pode ser visto como URL no campo superior de seu navegador. A única diferença é que John é quem digita o link e não tem como simplesmente clicar no link para acessar a informação desejada.

Você pode usar qualquer formato. O princípio é simples: organizar o material antecipadamente enquanto está pensando a respeito para não ter de procurar as informações depois, quando estiver ocupado com outras atividades.

Essa técnica pode ter muitas variações. Por exemplo:

- Se você marcar uma reunião e todos os participantes precisarem analisar um documento, não deixe de incluí-lo no compromisso. Desse modo, todos terão fácil acesso ao documento e você não vai precisar enviá-lo depois para as pessoas.
- Se você for convidado para uma reunião e tiver alguns documentos pessoais que gostaria de levar, mas não são relevantes para os outros, pode criar um segundo compromisso no mesmo horário só em sua agenda. Dê ao compromisso um nome como "Documentos para a Reunião" e crie um link para eles no compromisso. Desse modo, você terá os documentos facilmente acessíveis na reunião, mas disponíveis apenas para você.
- Você pode ter, em um servidor, um relatório financeiro compartilhado e constantemente atualizado pelos outros, mas que você precisa consultar toda semana na reunião de equipe. A maioria dos programas possibilita criar um link para esse documento e incluí-lo em seu compromisso recorrente, de modo que, toda semana, você pode simplesmente clicar no link e acessar os dados atualizados.

O número de links incluídos depende somente de você. A ideia não é ficar obcecado com eles, transformando isso em uma atividade do Q4, mas proativamente criar referências cruzadas bem escolhidas que o ajudarão a vincular diferentes itens antes de eles serem necessários.

OTIMIZE ESSE MOVIMENTO COM TAGS

Muitos aplicativos usam *tags* para organizar e vincular as informações. Você pode usar essa função deles para criar links.

Digamos, por exemplo, que você tenha um aplicativo de gerenciamento de anotações/documentos que use *tags*. Se criar a tag "reuniões de marketing", você pode facilmente relacionar as notas a essas reuniões – qualquer anotação que quiser ter à mão em uma reunião de marketing pode ser marcada como "reunião de marketing". Assim, não importa em que outras categorias esses documentos possam estar também, tudo o que você precisa fazer é digitar o nome da *tag* em seu programa para ter um acesso rápido e fácil a todos esses documentos. Dependendo de seu aplicativo e de suas preferências, você também pode usar uma *hashtag* para lembrá-lo de que se trata de uma *tag* no seu sistema. Por exemplo, <#ReuniãoMarketing> ou apenas #ReuniãoMarketing.

Isso nos remete novamente à ideia da luta sem espada. O mestre pode continuar vencendo a batalha à medida que as tecnologias mudam, porque sua força está em seu conhecimento dos paradigmas e princípios básicos. As ferramentas e tecnologias específicas são secundárias.

DETOX DA CAIXA DE ENTRADA: UMA AJUDA PARA QUEM ESTÁ ATOLADO EM E-MAILS

Então, por onde começar? Você pode estar pensando: "Tenho milhares de e-mails e vou levar uma eternidade para organizar isso tudo". Se estiver se sentindo sobrecarregado com sua caixa de entrada e precisar tomar uma ação drástica, siga o plano de três passos para botar ordem na casa e retomar o controle de seus e-mails. Deve levar mais ou menos duas horas, é mais fácil do que você imagina e definitivamente o esforço vale a pena.

Passo 1: Crie uma subpasta em sua caixa de entrada com o nome Detox.

Passo 2: Selecione tudo da caixa de entrada, fora as últimas duzentas mensagens, e transfira tudo para a pasta Detox. Agora você só tem duzentas mensagens na sua caixa de entrada.

Passo 3: Repasse os duzentos e-mails que sobraram e tome uma das ações a seguir:

- Delete os e-mails.
- Crie uma regra para lidar com eles no futuro.
- Transforme-os em compromissos, tarefas, contatos ou anotações para trabalhar neles mais tarde... e depois não deixe de deletá-los!

Ou, então:

- Responda a eles na hora, se puder fazer isso em um minuto ou menos.

Não deve levar muito tempo para você dar conta dessas duzentas mensagens, porque você só estará lhes dando um destino. Não estará efetivamente fazendo nada com elas a menos que isso possa ser resolvido em um minuto ou menos. Ao seguir esses três passos, você terá limpado sua caixa de entrada e configurado algumas regras básicas para manter sua caixa de entrada limpa.

Se, por algum motivo, você precisar encontrar um e-mail de sua pasta Detox, poderá procurá-lo lá. (Não era justamente isso o que você já estava fazendo antes?) É bem possível que você não precise fazer isso muitas vezes, então acabará com uma caixa de entrada limpa, podendo assim recomeçar do zero!

Para não perder o controle de sua caixa de entrada, é importante reservar um horário regular para administrar seus e-mails e configurar sistematicamente novas regras para as mensagens à medida que as recebe. Em pouco tempo, você terá uma caixa de entrada bastante funcional, digna de um ninja, trabalhando em seu favor.

O MANIFESTO DO Q2 PARA OS E-MAILS: INSTITUINDO PROTOCOLOS PARA OS E-MAILS

Uma das melhores coisas que você pode fazer para vencer a batalha do e-mail em sua organização é criar protocolos comuns para lidar com as suas mensagens e outras formas de comunicação. Essa medida é particularmente importante se você for chefe, mas, mesmo se não for, ainda é possível trabalhar com seu círculo de influência para alterar a natureza do fluxo de entrada em sua equipe ou organização.

Por exemplo, sua empresa sofre da Síndrome do Responder a Todos? Por alguma razão, parece que o mundo todo tende a clicar no botão Responder a Todos sem pensar duas vezes. E quanto ao responder com cópia (o famoso "cc")? Você está em todas as listas de distribuição da empresa? E quanto aos e-mails de agradecimento? Quantos e-mails de "obrigado" e "não há de quê" você envia ou recebe por dia? Veja a seguir uma amostra de um manifesto do Q2 que pode ser usado ou adaptado para identificar um conjunto de protocolos de comunicação a serem utilizados em sua organização.

NOSSO MANIFESTO DO Q2 PARA OS E-MAILS

Concordamos em ajudar uns aos outros a ficar no Q2 e a, conscientemente, evitar estar no Q3, Q4 e Q1, praticando os protocolos a seguir. A partir de agora, vamos:

- Decidir conscientemente se um e-mail de fato precisa ser enviado. O e-mail vai colocar as pessoas no Q3, no Q4 ou no Q1?
- Incluir "Q1" ou "Q2" no campo de assunto quando possível para ajudar as pessoas a priorizar a mensagem.
- Só responder a todos quando for absolutamente necessário.
- Rever as listas de distribuição para garantir que elas estejam atualizadas, com as pessoas relevantes.
- Só incluir uma pessoa em cópia quando ela realmente precisar receber uma cópia.
- Sempre deixar claro o objetivo do e-mail no campo de assunto.
- Encurtar as mensagens o máximo possível para aumentar a eficácia das respostas.
- Pegar o telefone para falar sobre a questão depois de duas ou no máximo três rodadas de e-mails em uma conversa.
- Usar de bom senso para decidir o que é vital e só marcar e-mails como sendo de "alta prioridade" quando de fato for esse o caso.
- Deixar claro o prazo esperado para a resposta. Não vamos enviar um e-mail às pessoas e interrompê-las quinze minutos depois para ver se elas receberam a mensagem. Isso seria uma atitude do Q3.

Embora esse manifesto se concentre nos e-mails, muitas outras formas de comunicação (como mensagens de texto ou bate-papos) se beneficiariam de alguns limites e regras básicas. Você pode incluir em seu manifesto as formas de comunicação relevantes para você e sua organização.

Você também pode aplicar a ideia em sua família e outros contextos. Reserve um tempo para deixar claro o que eles podem esperar quando tentam entrar em contato com você no horário de trabalho e em outros horários. Trabalhar juntos para definir essas expectativas tende a evitar muita frustração e sérios danos aos relacionamentos.

Uma área na qual expectativas claras costumam ajudar diz respeito à comunicação fora do horário de trabalho. Digamos, por exemplo, que você receba um e-mail ou mensagem de texto de seu chefe tarde da noite com alguma solicitação. Será que ele ou ela esperam que você a atenda naquela hora? Você vai para a cama preocupado? Hoje em dia, a constante acessibilidade proporcionada por nosso mundo de tecnologias digitais criou realidades completamente diferentes no modo como as pessoas administram o equilíbrio de sua vida pessoal e profissional.

Uma executiva que conhecemos, que tem o hábito de checar e escrever e-mails à noite, deixou claro para sua equipe que eles devem ignorar quaisquer e-mails que ela mandar depois do expediente a menos que o assunto da mensagem inclua o código "Q1" – nesse caso, a mensagem deve ser importantíssima. Como ela admite, são raras as coisas que não têm como esperar até de manhã ou até a segunda-feira.

O melhor seria nunca enviar mensagens fora do horário de trabalho. Comunicações depois do expediente criam um senso de urgência que torna difícil para qualquer um resistir a dar uma olhada. Para que estressar ainda mais as pessoas? Definir expectativas claras para lidar com isso pode evitar muito estresse para você e para os outros.

Para saber mais sobre como os protocolos compartilhados podem ajudar a consolidar uma cultura do Q2 em sua organização, não deixe de ler a seção "Crie uma cultura do Q2 em sua organização".

ACELERADORES DE PRODUTIVIDADE DO Q2: EXISTE UM APP PARA TUDO!

Nenhum capítulo sobre tecnologia estaria completo sem falar sobre o universo dos aplicativos e dispositivos móveis.

A *excelente* notícia é que você poderá encontrar muitos apps baratos ou gratuitos de alta qualidade para praticamente qualquer utilidade que puder imaginar. A *má* notícia é... que você poderá encontrar muitos apps baratos ou gratuitos de alta qualidade para praticamente qualquer utilidade que puder imaginar.

O que acontece é que essa profusão de apps gratuitos, interessantes e instantaneamente disponíveis acaba nos deixando mais suscetíveis às interrupções e distrações provenientes deles. A menos que nos conscientizemos da decisão a tomar, não costumamos fazer um cálculo de retorno sobre o investimento ao decidir experimentar um app. É por isso que as lojas de apps têm tanto sucesso!

No entanto, agora que você já dominou o conceito do Q2 e está ciente do custo das distrações e de nossa tendência natural a desviar o olhar para sinais novos e brilhantes, poderá tomar decisões ponderadas também quanto a esse tipo de fluxo de entrada.

Com uma visão clara de seus Papéis e Metas do Q2, faça uma análise ponderada dos apps que você tem instalados em seu smartphone e tablet. Eles pertencem ao Q2 ou ao Q3 e Q4? O que você deveria excluir e o que deveria manter? Agora que conhece as regras básicas da tecnologia eficaz e da produtividade, quais apps você deveria incluir?

Ao analisar seus apps usando o modelo da Matriz do Tempo, você verá que vários deles são bastante produtivos. Eles poupam tempo e dinheiro e ajudam a atingir metas importantes. Apps de viagem, apps de condicionamento físico, apps de notícias, apps de finanças pessoais, apps de mídia social e assim por diante podem ajudá-lo a acelerar seu avanço nessas áreas. E você também pode encontrar alguns excelentes jogos para ajudá-lo a relaxar.

A ideia aqui é aplicar aos apps os mesmos princípios que aplicamos a outras formas de tecnologia. Com isso, você poderá montar deliberadamente uma coletânea de recursos e funcionalidades para ajudá-lo a avançar, em vez de conjuntos de distrações que o impeçam de prestar atenção às coisas que realmente importam.

VENÇA A BATALHA

Dominar os movimentos de qualquer arte marcial requer tempo, esforço, prática, erros e mais prática, mas o retorno sobre o investimento é exponencial. O Mapa do Processo do Q2 foi criado para ajudá-lo a eliminar o fluxo de entrada desnecessário e proteger as Grandes Rochas em meio a todo o cascalho. O modelo oferece a perspectiva necessária, de modo que, quando você estiver em uma situação difícil ou caótica, será capaz de tomar boas decisões sobre como investir sua atenção e energia.

No fim das contas, o ativo mais importante em qualquer conflito é um estado de espírito tranquilo e sereno. Isso lhe possibilita agir com fluidez e discernimento no momento de escolha. Embora as habilidades que ensinamos neste capítulo sejam importantes, ainda mais vital é sua capacidade de superar o impulso natural de reagir a cada bipe e vibração, e agir conscientemente com base em uma perspectiva clara do Q2.

Como afirmou Eiji Yoshikawa, famoso escritor japonês de romances históricos, "um estudante sério se interessa mais pelo treinamento da mente e pela disciplina do espírito do que pelo desenvolvimento de habilidades marciais".

Ao praticar regularmente os elementos do Mapa do Processo do Q2, você poderá fortalecer sua mentalidade do Q2 e focar como um mestre nos fatores mais amplos e importantes de sua vida.

MANEIRAS SIMPLES DE COMEÇAR

Você pode começar a aplicar os princípios e as práticas da "Escolha 4: Domine a tecnologia, não se deixe dominar por ela" empreendendo qualquer uma das ações simples a seguir. Escolha as mais relevantes para você.

- Analise onde você está mantendo os seus 4 Núcleos. Escolha um deles e encontre um modo melhor de gerir essas informações.
- Reserve quinze minutos para configurar algumas regras para seus e-mails mais distrativos ou cruciais.
- Pegue cinco e-mails e transforme-os no que eles realmente são.
- Encontre uma reunião já agendada para a qual você vai precisar de alguns documentos. Vincule os documentos à reunião.
- Reserve duas horas para fazer um detox de sua caixa de entrada.
- Consulte o "Apêndice A: Os 25 protocolos de e-mail mais importantes". Escolha dois ou três protocolos sugeridos e veja se outros membros de sua equipe concordam em aderir a eles.

RESUMINDO

- A tecnologia pode acelerar o fluxo de entrada de cascalho em nossa vida, enterrando-nos mais rapidamente sob uma montanha de coisas não tão importantes. Busque o ideal marcial da luta sem espada. Domine os princípios e habilidades básicas que lhe possibilitarão usar qualquer tecnologia aplicando o paradigma do Q2.
- Procure a ordem no caos e classifique as informações recebidas em quatro categorias: compromissos, tarefas, contatos e anotações/documentos.
- Se você usar um sistema em papel, (coloque) tudo em um só lugar. Se usar um sistema eletrônico, (coloque) tudo em todo lugar.
- Defenda-se com os 3 Movimentos Essenciais: "Vencer Sem Lutar", "Transformar No que Realmente É" e "Vincular para Localizar".
- Elabore um manifesto do Q2 com sua família e/ou com sua equipe.
- Use os princípios das 5 Escolhas para selecionar seus apps.

GESTÃO DA ENERGIA

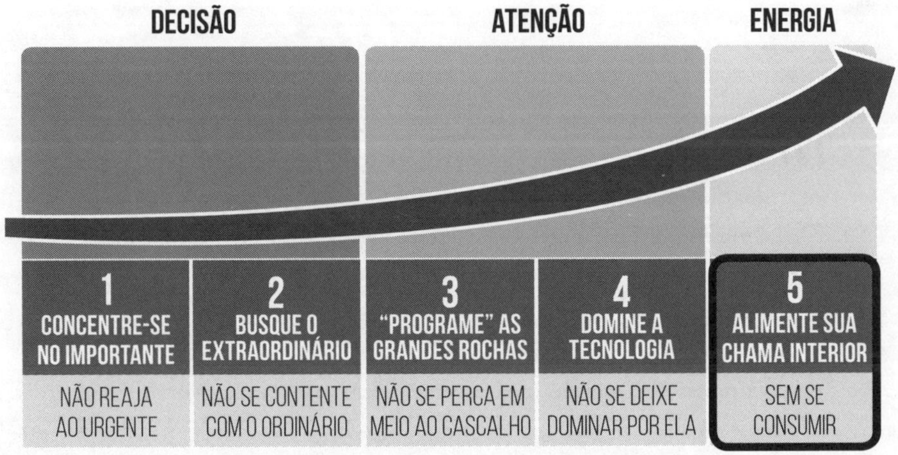

ESCOLHA 5

ALIMENTE SUA CHAMA INTERIOR SEM SE CONSUMIR

"A energia da mente é a essência da vida."
ARISTÓTELES

Marianne, grande amiga nossa, se viu diante de uma encruzilhada em sua carreira. Ela era uma executiva sênior que dava duro no trabalho mas sentia dores constantes e seu cérebro parecia passar o dia inteiro imerso em um nevoeiro. Pela dificuldade de pensar com clareza, ela estava perdendo a confiança em sua capacidade de tomar decisões importantes e até começava a esquecer informações valiosas. No início, achou que fosse coisa da idade e que todo mundo passava por isso. Quando os sintomas pioraram, ela foi ficando cada vez mais ansiosa sobre seu trabalho e com dúvidas sobre se manteria o desempenho necessário para um cargo de liderança. Marianne não só se preocupava com as pessoas que dependiam de suas decisões; também passou a ter medo de ser demitida por não dar conta do trabalho. Ela chegou a cogitar se, em vez de continuar nessa situação angustiante, não seria melhor simplesmente pedir as contas.

Um dia, enquanto Marianne se debatia com tais preocupações em relação ao futuro, sua filha comentou sobre alguns alimentos e padrões de exercícios bons para o cérebro que ela estava estudando com um médico. Marianne não tinha nada a perder e marcou uma consulta com o especialista. Pôs-se a mudar seus hábitos de alimentação, sono e

> exercício, adotando os padrões que eram considerados mais saudáveis para o cérebro. Em dois meses, ela já sentiu uma redução notável de suas dores e uma enorme diferença em seu nível de energia e clareza mental. Em um ano, tinha perdido 20 quilos e estava se sentindo mais jovem, mais inteligente e mais energizada do que se sentira em décadas. E, o mais importante, ela manteve seu papel de liderança na empresa e se tornou uma líder ainda mais dinâmica e eficaz do que antes.

Ao longo deste livro, falamos do cérebro como nosso principal ativo e uma ferramenta que deve ser otimizada. Para sermos extraordinariamente produtivos, precisamos adotar um estilo de vida proposital, tomando conscientemente as decisões de maior valor a cada minuto do dia que passamos acordados. Precisamos cultivar um estado de espírito que nos possibilite detectar os pensamentos sutis sobre o que mais importa em nosso trabalho e em nossa vida e fazer escolhas para programar e resolver essas coisas primeiro. Precisamos ser sensíveis às respostas a perguntas como "Isso é importante?", "Isso está alinhado com meus papéis e metas mais importantes?", "Eu programei as coisas mais importantes na minha semana e no meu dia para poder realizá-las em meio ao cascalho?", "Estou tendo controle de todas as tentações provocadas pelas minhas parafernálias eletrônicas para evitar entrar no Q3 e no Q4 desnecessariamente?".

Todo esse esforço consciente requer uma capacidade mental extraordinária. Apesar de seu cérebro representar apenas cerca de 2% de seu peso corporal, ele consome cerca de 20% da sua energia total.[1] Além disso, tarefas estressantes afetam o humor, os sentimentos e as outras funções relacionadas ao cérebro que podem prejudicar sua capacidade de pensar com clareza e de tomar decisões ponderadas.

Se quisermos dominar as habilidades das Escolhas de 1 a 4, abastecer o cérebro com as grandes quantidades necessárias de oxigênio e glicose constitui a mais importante das atividades do Q2. Infelizmente, no mundo de hoje, não é raro ver essa atividade crucial despencar para o final da lista.

VOCÊ ESTÁ TENDO UMA CRISE DE ENERGIA?

Nosso estilo de vida atual – estresse constante, má alimentação, falta de exercícios físicos e pouco tempo de sono – leva ao que os cientistas chamam *síndrome da exaustão*. Nós, os não cientistas, chamamos de *síndrome de burnout*. Estamos sempre forçando nossos limites ao longo do dia, adiando o tempo de renovação que o nosso cérebro e o nosso corpo requerem. O mantra é "Trabalhar feito um louco e desabar na cama ou no sofá".

Essas coisas chegam a ser motivo de orgulho: "Nossa equipe trabalhou até meia-noite ontem", "Passei o fim de semana inteiro trabalhando", "Férias? Você está louco? Não tenho tempo para isso!". Só que esse padrão está acabando com a capacidade de nosso cérebro de tomar decisões.

Além disso, se passarmos o dia todo nos Quadrantes 1 e 3, viciados em urgências e emergências, vamos naturalmente cair no Quadrante 4, em um padrão de atividades excessivas e irrefletidas. É assim que o cérebro avisa sobre sua sobrecarga. Tudo o que ele consegue aguentar são atividades básicas, desatentas, que não constituem ameaças. Parecem gratificantes, mas, no longo prazo, são um desperdício.

As pessoas extraordinariamente produtivas, por sua vez, recarregam sistematicamente as energias, mantendo um nível mais constante no decorrer do dia. Por terem a mentalidade do Quadrante 2, elas mantêm um fluxo regular de combustível para o corpo e a mente, de modo que conseguem trabalhar sempre com o melhor desempenho, criando hábitos para alimentar sua chama interior sem se consumir.

O objetivo deste capítulo é ajudá-lo a ter a energia necessária para adotar – continuamente – uma abordagem ponderada e consciente para as escolhas que você faz e para as atividades que empreende, a fim de poder se sentir realizado ao fim de cada dia.

O PODER DO SENSO DE PROPÓSITO

A energia mental provém de duas fontes básicas: um propósito firme e o corpo.

Você se lembra de como elaborou sua Declaração do Papel do Q2 na Escolha 2? Metade do trabalho de pensar em como seria o sucesso em seus papéis mais importantes envolve encontrar seu propósito ou, em outras palavras, uma motivação para as grandes contribuições que você é capaz de realizar. Quando você se sente realizado nesses papéis todos os dias, isso lhe dá uma energia e um poder enormes.

A palavra "motivação" vem do latim "*movere*", que significa mover-se. Mover as coisas requer energia e uma visão motivadora pode resultar em um empenho incrível, até impossível em outras circunstâncias.

Você já deve ter ouvido histórias de pessoas superando todos os limites de suas possibilidades impulsionadas por uma motivação ou meta mais profunda, não? Pois essas fontes mais profundas podem se tornar mais disponíveis também em sua vida.

De acordo com Daniel Pink, vários estudos mostram que as pessoas que atuam com base em uma motivação interna têm "maior autoestima, melhores relacionamentos interpessoais e maior bem-estar geral"[2] do que as pessoas que não possuem essas fontes intrínsecas de motivação. Ele resume as pesquisas afirmando: "As pessoas mais profundamente motivadas – sem mencionar as mais produtivas e satisfeitas – vinculam seus desejos a uma causa maior do que elas mesmas".[3]

Enquanto trabalhar sem um bom propósito pode drenar a energia do nosso cérebro, trabalhar com um forte senso de propósito pode conectar as partes mais profundas, emocionais, do nosso cérebro às nossas intenções específicas e às nossas causas mais elevadas, aumentando a sincronia mental.

Isso é vital também em nossa vida pessoal, que muitas vezes pode acabar em segundo plano em relação à agitada vida profissional. Os Papéis do Q2 e as Declarações dos Papéis do Q2 nos possibilitam repensar nossos papéis pessoais e encontrar fontes inexploradas de energia para atuar neles. Quando isso acontece, saboreamos uma maior congruência e clareza mental e, ao mesmo tempo, temos um maior senso de significado e realização em tudo o que fazemos.

OS 5 IMPULSIONADORES DA ENERGIA FÍSICA E MENTAL

Apesar de um profundo senso de propósito fazer uma enorme diferença, em longo prazo o propósito por si não basta. Sem uma segunda fonte – física – de energia, você ainda corre o risco de se exaurir.

Vemos isso quando as pessoas se empolgam com suas metas mas não têm energia física ou mental para ir até o fim. Ou quando elas avançam aos trancos e barrancos enquanto dizem a si mesmas: "Sei que vou precisar de pelo menos uma semana para me recuperar disso". Ou indivíduos que repetidamente exaurem toda a sua energia durante a semana e simplesmente desabam no fim de semana por não terem qualquer energia restante.

No fim das contas, quando o nosso corpo e cérebro vão ficando sem combustível, isso também afeta nosso desejo e nosso propósito. Quando sentimos que não temos condições de atingir nossas metas, acabamos reduzindo as expectativas e, em casos extremos, cedemos à depressão e ao desespero.

Para manter sua capacidade de realizar seus propósitos mais elevados e tomar as decisões do dia a dia a fim de chegar lá, você precisa da energia física sustentável resultante de um corpo bem-cuidado e em bom estado de funcionamento, para assim abastecer o cérebro com muito oxigênio e um fluxo constante de glicose.

As providências a serem tomadas para ter um cérebro saudável não são nenhum bicho de sete cabeças. Passamos anos ouvindo, dos nossos pais e de especialistas em geral, o que precisamos fazer para isso, mas vendo a situação pela perspectiva da nossa necessidade de repetidamente tomar decisões de alto valor e de uma atenção focada, os impulsionadores de uma boa saúde cerebral assumem importância completamente nova.

Os 5 Impulsionadores da Energia estão ilustrados no diagrama abaixo:

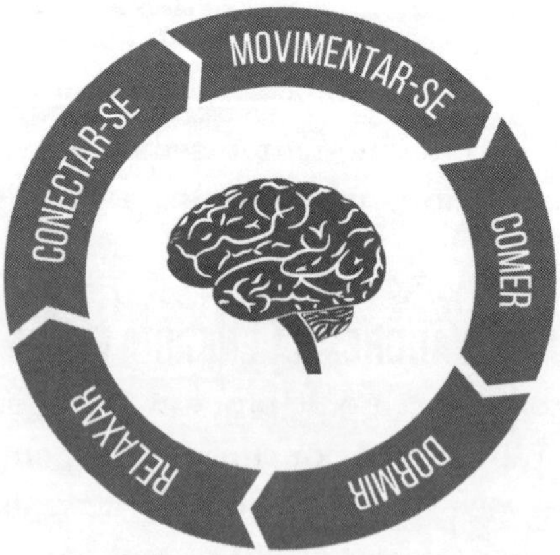

1. **Movimentar-se.** Não estamos falando apenas de exercícios físicos. Seu corpo foi feito para se movimentar e muita coisa boa acontece

com o seu cérebro quando você se movimenta bastante, e o contrário acontece quando você não se movimenta.

2. **Comer.** Da mesma forma como você não coloca sujeira no tanque de gasolina de seu carro, também não deve colocar comida de má qualidade em seu corpo. O que você come atua como combustível de seu cérebro. Você pode seguir algumas diretrizes alimentares simples que o ajudarão a abastecer o seu cérebro para atingir o desempenho ideal.
3. **Dormir.** É dormindo que você consolida a aprendizagem, melhora a memória e subconscientemente organiza decisões e dados complexos. Uma boa noite de sono não só é agradável, como é vital para atingir a produtividade extraordinária.
4. **Relaxar.** O ambiente "estressado" dos dias de hoje pode exaurir o nosso cérebro. Aprender a desligar as reações ao estresse em nosso cérebro e agir com base em um estado de espírito mais centrado e descontraído pode afetar enormemente o nosso desempenho.
5. **Conectar-se.** O cérebro precisa de conexões sociais positivas para sobreviver e essas conexões constituem uma enorme fonte de energia. Passar um tempo desenvolvendo e mantendo relacionamentos significativos é uma atividade que nutre o nosso cérebro.

Exploraremos a seguir cada uma dessas fontes de energia e daremos dicas práticas para explorar essas fontes de energia limpa e renovável em sua vida. Para começar, responda esse rápido questionário de autoavaliação para ver como está seu desempenho nesses impulsionadores. Marque o número que representa sua posição na escala.

Como regra geral, se sua pontuação estiver abaixo de 65, há uma série de coisas que você pode fazer para aumentar sua energia mental.

PERGUNTAS	NADA A VER COMIGO TUDO A VER COMIGO
1. Eu acordo pela manhã e me movimento regularmente no decorrer de todo o meu dia de trabalho.	1 2 3 4 5 6 7 8 9 10
2. Eu tenho um programa regular de exercícios que me dá uma injeção de energia.	1 2 3 4 5 6 7 8 9 10
3. Eu me alimento de uma forma que me proporciona energia constante ao longo do dia.	1 2 3 4 5 6 7 8 9 10
4. Costumo comer alimentos nutritivos em todas as refeições.	1 2 3 4 5 6 7 8 9 10

PERGUNTAS	NADA A VER COMIGO TUDO A VER COMIGO
5. Durmo pelo menos sete horas por noite.	1 2 3 4 5 6 7 8 9 10
6. Estou satisfeito com a qualidade do meu sono.	1 2 3 4 5 6 7 8 9 10
7. Tenho estratégias de enfrentamento eficazes para lidar com o estresse.	1 2 3 4 5 6 7 8 9 10
8. Meu estilo de vida em geral me ajuda a administrar o estresse.	1 2 3 4 5 6 7 8 9 10
9. Reservo um tempo para me conectar regularmente com as pessoas importantes da minha vida.	1 2 3 4 5 6 7 8 9 10
10. Eu me conecto regularmente com os propósitos e valores que dão sentido à minha vida.	1 2 3 4 5 6 7 8 9 10
PONTUAÇÃO TOTAL	

Se sua pontuação for baixa em uma ou mais dessas áreas, pode ser interessante dar uma atenção especial a esse impulsionador específico. Se sua pontuação for baixa em muitas áreas, não se preocupe. Aprenda sobre cada uma delas e escolha uma para atacar primeiro. Quando achar que atingiu um bom nível nessa primeira área, você estará motivado para encarar a próxima.

IMPULSIONADOR 1: MOVIMENTAR-SE

Todo mundo já está cansado de ouvir que é bom se exercitar. Não faltam pesquisas confirmando a ideia de que exercícios físicos regulares melhoram a memória, a saúde do cérebro e o condicionamento físico. Muitas pessoas sabem que precisam melhorar nesse sentido. Mas como? Se for o seu caso, você provavelmente precisará estabelecer uma Meta e um Fuso Horário do Q2 para essa tarefa virar uma importante atividade recorrente do Q2, que deve se repetir toda semana.

Pesquisas também mostram que não basta se exercitar para garantir a saúde do cérebro, no entanto.

Mesmo se você se exercitar com regularidade, pode reverter completamente os benefícios de sua sessão de exercícios se passar o dia inteiro sentado em sua cadeira no escritório. Considerando que muitos de nós passamos o dia inteiro sentados diante do computador, é preocupante saber disso.

PASSAR O DIA INTEIRO SENTADO É COMO SER FUMANTE

As constatações das pesquisas podem ser resumidas na seguinte frase: "Passar o dia inteiro sentado é como ser um fumante". Você pode ou não concordar com a comparação, mas precisa levar o conceito a sério. O cérebro tem uma relação de simbiose com o corpo para gerar energia mental e física. Seu cérebro e o restante de seu corpo trabalham juntos de maneiras complexas e surpreendentes para ajudá-lo a ir de um lugar ao outro. É um sistema integrado de movimento.

Quando seu corpo não está se movendo, seu cérebro entra em modo de espera, porque grande parte do que ele foi projetado para fazer não está acontecendo. Essa falta de movimento libera substâncias químicas que colocam seu corpo para dormir. O fluxo sanguíneo para o cérebro é reduzido, você fica menos alerta e seu raciocínio e sua capacidade de julgamento ficam debilitados.

De acordo com o dr. Ratey, da Harvard Medical School, "praticamente toda semana vemos um novo estudo demonstrando que, mesmo se você estiver em forma e se exercitar, ficar sentado mata as células do cérebro".[4] E ele prossegue:

> Quando você está de pé, seu cérebro age com 7% mais eficácia do que quando você está sentado, porque os grandes músculos esqueléticos são ativados. Ficar de pé aciona o córtex frontal e você pode pensar com mais clareza... a maior dificuldade é estabelecer uma rotina e um ritual. Sabemos como isso é difícil, mas, quando você começar, a coisa normalmente entra em modo automático.[5]

Fomos feitos para nos movimentar. Nossos ancestrais distantes andavam por toda parte e somos fisiologicamente programados para caminhar entre seis e sete quilômetros por dia. É um fato biológico: um corpo ativo é fundamental para manter a energia fluindo para o cérebro.[6]

Dê uma olhada em algumas ideias a seguir e avalie o quanto você se movimenta ao longo do dia. Você já faz alguma dessas atividades, consciente ou inconscientemente? Se fizer, ótimo! De qualquer forma, escolha uma ou duas atividades e veja se consegue integrá-las à sua rotina diária.

- Faça pausas para o cérebro periodicamente ao longo do dia. Levante-se da cadeira pelo menos a cada 90 minutos para andar um pouco, mesmo se for só até o bebedouro.

- Use as escadas, não o elevador.
- Saia para um passeio na hora do almoço.
- Estacione o carro um pouco mais longe do trabalho ou do supermercado.
- Faça uma reunião caminhando.

Um dia desses, um amigo nos disse:

> Às vezes, se estou sentado na minha sala e não estou conseguindo pensar direito, tudo o que preciso fazer é me levantar, andar um pouco para dar uma despertada, retomar o problema alguns minutos depois e a solução fica clara. Virei um grande fã de fazer coisas que me mantêm em movimento o dia inteiro porque isso me ajuda muito a pensar!

Você consegue pensar em outras maneiras criativas de incorporar o movimento ao seu dia, pensando no seu ambiente de trabalho?

> O dr. Ted Eytan, de Washington, D.C., faz reuniões enquanto anda. Ele chama isso de "Trabalhar Caminhando". Quando tiver uma reunião agendada com alguém, pergunte se a pessoa topa fazer a reunião caminhando. Se a resposta for "Claro!" basta encontrar a pessoa na hora marcada e começar a andar. Vocês podem ter um destino em mente, como um café no bairro, ou não. Você não só vai dar conta do trabalho como vai poder desenvolver os relacionamentos de um jeito diferente. As pessoas tendem a gostar de caminhar juntas.[7]

E ONDE É QUE O EXERCÍCIO FÍSICO ENTRA NESSA HISTÓRIA?

Movimentar-se ao longo do dia e manter um bom regime de exercícios é, sem dúvida, o ideal. Os dois são essenciais para otimizar a energia do cérebro e do corpo. Os exercícios físicos, particularmente os exercícios aeróbicos, podem efetivamente alterar a estrutura física do seu cérebro, aumentando sua capacidade de enviar sangue, oxigênio e glicose a esse órgão faminto por energia. Quanto mais ativo você for, mais receptores de dopamina terá no cérebro, aumentando sua capacidade de concentração.

De acordo com o dr. Ratey: "Nada ajuda mais no crescimento de novas células cerebrais do que o exercício aeróbico".[8]

O que será mais eficaz para você vai depender de sua idade e de seu nível atual de condicionamento físico. É claro que você deve sempre envolver o seu médico ao decidir se exercitar mais, mas, se tiver interesse em alguma atividade física vigorosa, não se reprima. As mais recentes pesquisas sugerem que a intensidade e a variedade do exercício são os fatores que mais afetam o seu nível global de condicionamento, mesmo para pessoas mais velhas.[9]

Quer você escolha correr, participar de um esporte organizado, de uma sessão na academia, natação ou musculação, você tem muitas opções para melhorar o condicionamento de seu corpo. Seja qual for sua idade, sempre haverá alguma atividade que pode ser feita.

> Richard Restak, um cientista cognitivo de 72 anos de idade, caminha pelo menos três vezes por semana "durante 30 a 45 minutos em ritmo acelerado em diferentes bairros da cidade. Assim eu posso combinar uma atividade física com um ambiente diferente, o que mantém um alto nível de atividade mental..."[10]
>
> "Nunca é tarde demais", afirma o dr. Ratey. "Conheço pessoas de 93 anos cujo cérebro muda quando elas começam a se exercitar. Se você estiver na meia idade e começar um programa de exercícios, consegue regredir em uns dez a quinze anos sua idade cerebral."[11]

Mesmo se for jovem e se sentir saudável, você não vai passar ileso por um estilo de vida sedentário, que estabelece bases fracas para o seu futuro.

> Ajay era um jovem executivo na faixa dos 30, muito empenhado. Ele adorava seu trabalho e dedicava muito tempo e energia à sua vida profissional. Já estava acostumado com esse ritmo intenso, que manteve na faculdade, no MBA e ao longo de toda a sua carreira. No entanto, cada vez mais ele se sentia cansado à noite e quase sem energia no fim de semana. Aquilo estava começando a afetar sua vida em família e até seu trabalho. Ele tinha dores de cabeça e dores musculares frequentes, mas isso só o levava a intensificar ainda mais o ritmo e continuar a avançar aos trancos e barrancos.

Tudo isso mudou quando ele compareceu a um encontro da família e um parente convidou um amigo *personal trainer.* O amigo falou das pesquisas sobre o impacto de um estilo de vida sedentário e o que acontece com o corpo quando se passa muito tempo sentado. Ajay percebeu que se encaixava perfeitamente naquela descrição. Com efeito, ele tinha passado a maior parte do tempo no encontro familiar sentado no sofá porque estava exausto demais para fazer qualquer outra coisa. O que passou pela cabeça dele foi o seguinte: "Ainda nem fiz 40 anos e mais pareço um inválido! Não aguento mais isso!"

Na semana seguinte, ele procurou o *personal trainer* e fez uma avaliação física completa. O treinador pediu para Ajay fazer alguns exercícios físicos simples e o resultado confirmou a experiência de Ajay: ele estava "podre". O treinador chegou a encontrar músculos basicamente inúteis nos ombros e nas costas de Ajay, devido aos seus problemas de postura sentado. Ajay decidiu resolver a situação. Aquilo estava prejudicando demais sua vida.

Nos meses seguintes, e a um custo considerável, Ajay trabalhou com afinco com o *personal trainer.* Eles começaram com simples exercícios de estabilização e se concentraram em recuperar alguns dos músculos mais importantes. No começo, os exercícios eram tão básicos que ele até ficava com vergonha, mas percebeu que não tinha força muscular para fazer qualquer outra coisa. Ele precisava reconstruir as bases saudáveis que tinha perdido. Em alguns meses, e com a orientação do treinador, começou a recuperar a força e a energia. Ajay retomou alguns esportes que gostava de praticar quando era mais jovem. Ele reorganizou sua agenda para priorizar essas atividades.

Agora na faixa dos 40, Ajay diz que nunca esteve mais em forma. Seus disciplinados investimentos do Q2 em sua saúde e energia toda semana fizeram toda a diferença. Ele recuperou o gosto pelo trabalho e tem mais energia também para outras áreas de sua vida. Seu comprometimento com a recuperação de sua força física se tornou a base para uma experiência totalmente nova na vida.

Muitas pessoas têm a mesma experiência que Ajay. Conhecemos muitas pessoas que esgotaram sua saúde no Q1 e se deram conta de que precisavam virar a mesa. O lado animador é que, se você passar regularmente um tempo no Q2 trabalhando nesse impulsionador, poderá desfrutar dos benefícios de uma boa saúde física e mental e não terá de passar pela dor de exaurir completamente as energias.

Quando pensar em se exercitar e em se movimentar, lembre-se da relação energética simbiótica entre o seu cérebro e o seu corpo! O que faz bem para o corpo também faz bem para o cérebro.

IMPULSIONADOR 2: COMER

Outra excelente maneira de alimentar o seu cérebro é atentando ao que você come. É o que o explica o dr. Daniel Amen, um de nossos colaboradores e proeminente especialista em cérebro e alimentação:

> Você pode usar a alimentação para ter uma melhor energia mental durante o dia, mas precisa fazer isso com inteligência. Muita gente, quando se estressa, tende a se automedicar com coisas que fazem mal, como bebidas alcoólicas ou alimentos ricos em açúcar. A maneira mais eficaz de lidar com o estresse é ter uma dieta saudável, o que vai equilibrar o nível de açúcar no sangue.

O que o dr. Amen descreve se baseia na composição química do cérebro.

O cérebro usa glicose para funcionar. Assim, quando se sentem cansadas ou esgotadas, o que muitas pessoas fazem é recorrer a uma dose rápida de açúcar (ou cafeína, ou algum outro estimulante) para aliviar o cérebro. Mas o que acontece é que isso provoca uma onda de glicose que em geral acaba nos deixando em um nível mais baixo do que quando começamos, levando ao que é conhecido como *"crash"*. Esse padrão prejudica o nosso corpo e o nosso cérebro. Pode até nos ajudar a chegar ao fim do dia por algum tempo, mas é um péssimo substituto para a energia saudável e sustentada da qual precisamos para pensar com clareza e ter um alto desempenho.

Nosso cérebro realmente precisa é de um suprimento constante de glicose proveniente de fontes alimentares de alta qualidade. Como já vimos, nos dias de hoje é preciso fazer uma escolha deliberada do Q2 para que isso aconteça, mas o retorno é exponencial no que ser refere a produtividade e ao modo como nos sentimos ao longo do dia.

Veja algumas orientações que podem ajudá-lo a se alimentar de maneira a beneficiar o cérebro:

1. **Escolha calorias de alta qualidade.** Calorias são importantes, mas manter a saúde não é só uma questão de equilibrar o número de calorias ingeridas com o número de calorias gastas. Como regra geral, concentre-se em calorias de alta qualidade. De acordo com o dr. Amen: "Um pão doce recheado pode conter 720 calorias e vai drenar o seu cérebro, ao passo que uma salada de 400 calorias contendo espinafre, salmão, mirtilos, maçã, nozes e pimentão vai lhe dar uma injeção de energia e melhorar a capacidade do seu cérebro".[12]

   Se sua dieta for composta principalmente de alimentos altamente processados, com baixo valor nutritivo, é perfeitamente possível comer demais e ser malnutrido. Além disso, uma dieta como essa pode efetivamente intensificar o estresse físico e mental, forçando o seu corpo a se nutrir com calorias de baixa qualidade e processar todo o lixo artificial ingerido.[13]

   Tenha em mente esta regra simples: calorias de alta qualidade tendem a ser provenientes de fazendas e lavouras, não de fábricas, e devem ser consumidas no estado mais natural possível.
2. **Beba muita água.** O seu cérebro é composto de 80% de água. Qualquer coisa que desidrate o cérebro, como cafeína ou álcool em excesso, reduz sua capacidade de raciocínio e de julgamento. Como explica o neurocientista Joshua Gowin:

   > O cérebro depende de uma hidratação adequada para funcionar em seu nível ótimo. As células do cérebro requerem um equilíbrio delicado entre a água e vários elementos para funcionar e, se você perder muita água, esse equilíbrio será desestabilizado. As células de seu cérebro ficarão menos eficientes.[14]

   Para se manter adequadamente hidratado, beba muita água. Uma boa regra geral é beber entre oito e dez copos ou cerca de dois litros de água por dia.
3. **Consuma gorduras saudáveis.** Tirando a água, 60% do material sólido do cérebro é composto de gordura. As gorduras são

essenciais para o cérebro, mas você deve se concentrar nas gorduras saudáveis. São as gorduras insaturadas encontradas no abacate, azeite de oliva, óleo de canola, óleo de amendoim, óleo de açafrão, óleo de milho, sementes como amêndoas, castanhas de caju e pistaches, e alguns peixes.

Mesmo sabendo que consumir gordura demais poder fazer mal à saúde, dietas com gordura insuficiente também podem não ser saudáveis, prejudicando nosso corpo e nosso cérebro.

> Na infância, a mãe de Katie impunha uma rigorosa dieta de baixa gordura. Mais tarde, a mãe teve a doença de Alzheimer e, consultando pesquisas sobre a saúde do cérebro, Katie ficou sabendo que pode ser perigoso insistir demais em uma dieta com baixo teor de gordura. Os nutrientes são transportados para o cérebro pela gordura e uma grande porcentagem do cérebro é feita desse elemento. É mais uma questão do tipo de gordura que devemos escolher ou restringir. Hoje em dia, Katie come uma porção de amendoins no avião em vez de comer biscoitos e incluiu o abacate e outras fontes de gorduras saudáveis à sua dieta, enquanto evita gorduras animais em excesso.

4. **Coma proteína de alta qualidade.** A proteína de alta qualidade ajuda a equilibrar a taxa de glicose no sangue, melhora a concentração e fornece os elementos constitutivos necessários para seu cérebro. Também fornece os aminoácidos utilizados para formar neurotransmissores e estruturas de apoio nos neurônios.[15] Excelentes fontes de proteína incluem peixe, peru ou frango sem pele, feijão, nozes cruas, leite e laticínios de baixo teor de gordura e vegetais ricos em proteína, como brócolis e espinafre.
5. **Concentre-se nos carboidratos complexos.** Os carboidratos complexos mantêm equilibrada a taxa de glicose no sangue porque demoram mais para serem metabolizados. Pense em carboidratos de baixo índice glicêmico e ricos em fibras. Os carboidratos de *baixo nível glicêmico* não elevam rapidamente a taxa de glicose no sangue. Já as fibras são essenciais para manter o trato digestivo em movimento. Exemplos de alimentos de baixo índice glicêmico e ricos em fibra são cereais integrais, legumes e vegetais frescos, muitas frutas e feijão.

Baixos níveis de açúcar no sangue são associados a uma atividade geral mais baixa do cérebro, que leva a mais desejos ansiosos e a mais decisões ruins. Os carboidratos simples ou alimentos com muito açúcar e gordura elevam e derrubam (esse movimento é conhecido como *crash*) rapidamente o nível de glicose no sangue, o que faz mal para o cérebro e o corpo. E também atuam nos centros de vício do cérebro. É por isso que devemos evitar alimentos refinados, pão branco e outros itens com alto índice glicêmico. Se você tiver dúvidas sobre sua dieta, basta procurar na internet o índice glicêmico dos alimentos.

Uma alimentação equilibrada com carboidratos complexos e proteínas magras em intervalos constantes, entre quatro e seis vezes ao dia, mantém uma taxa moderada de glicose no sangue e fornece um fluxo constante de energia no decorrer do dia. Se você precisar de ajuda nessa área, leve sempre consigo alguns lanches saudáveis sem açúcar (como nozes ou frutas). Quando tiver vontade de comer, recorra a esses alimentos.

6. **Coma o arco-íris.** Você já deve ter ouvido falar da dieta do arco-íris, que envolve comer uma ampla variedade de alimentos naturais de várias cores (M&Ms não contam). Essa dieta garante a ingestão da gama completa de micronutrientes e fitoquímicos, como antioxidantes, que o nosso cérebro e corpo requerem. Quando for preparar sua refeição, pense em cores como azul (mirtilos), vermelho (romãs, morangos, framboesas, cerejas, pimentões vermelhos e tomates), amarelo (mandioca, pimentões amarelos, pêssegos e bananas), laranja (laranjas, tangerinas e abóboras), verde (espinafre, brócolis e ervilhas), roxo (ameixas, berinjelas) e assim por diante.
7. **Não exagere nos suplementos.** Muito se discute sobre alguns suplementos vendidos por aí e a melhor coisa a fazer é se nutrir com alimentos integrais e naturais. No entanto, alguns suplementos já foram bastante pesquisados e podem beneficiar o cérebro, incluindo óleo de peixe (rico em ácidos graxos de ômega-3) e vitamina D. As pesquisas ainda estão sendo conduzidas, então, antes de decidir tomar suplementos, faça a lição de casa e não deixe de consultar um médico.

A ideia é que, quando consome a quantidade certa de alimentos integrais e naturais em intervalos regulares ao longo do dia, você fornece ao cérebro e ao corpo um fluxo estável de glicose e outros nutrientes que o ajudam a garantir o melhor funcionamento. Como argumenta Colin Campbell, autor do respeitadíssimo livro *The China Study*:

> Nosso corpo evoluiu com essa rede infinitamente complexa para se beneficiar ao máximo de alimentos integrais, como são encontrados na natureza. Pessoas equivocadas podem alardear as virtudes de um nutriente ou de uma substância química específica, mas esse modo de pensar é simplista demais. Nosso corpo aprendeu a se beneficiar dos nutrientes do modo como são naturalmente combinados nos alimentos, descartando alguns e usando outros de acordo com a necessidade.[16]

Quando comemos assim, não precisamos de doses de açúcar e outros estimulantes artificiais para aguentar até o fim do dia. Temos mais energia e nos sentimos melhor, nosso humor melhora e o nosso cérebro funciona bem.

Sua dieta consiste principalmente de alimentos naturais, integrais e de alta qualidade? Você come em intervalos regulares (entre quatro e seis vezes por dia) ao longo do dia ou passa longos períodos em jejum? Você recorre à cafeína, açúcares simples ou outros estimulantes para sobreviver ao dia? Você consegue pensar em algumas providências que pode tomar agora mesmo para alinhar sua dieta às necessidades de um cérebro saudável?

IMPULSIONADOR 3: DORMIR

No dia 31 de maio de 2009, o voo 447 da Air France levava 228 pessoas do Brasil à França quando caiu no Oceano Atlântico, matando todos a bordo. Foi um dos acidentes mais mortais da história da aviação. Embora vários fatores tivessem contribuído para o acidente, constatou-se que provavelmente a falta de sono dos pilotos e da tripulação tenha contribuído para a tragédia.[17]

Os Centros de Controle e Prevenção de Doenças dos Estados Unidos recentemente declararam que a privação de sono era uma epidemia de saúde pública, mencionando estudos que demonstram que:

> O sono é cada vez mais reconhecido como importante para a saúde pública, sendo que a insuficiência de sono foi associada a acidentes de automóvel, desastres industriais, erros médicos e outros erros ocupacionais... Pessoas que sofrem de insuficiência de sono também têm mais chances de sofrer de doenças crônicas, como hipertensão, diabetes, depressão e obesidade, bem como câncer, maior mortalidade e redução da qualidade de vida e produtividade.[18]

Muitas pesquisas foram conduzidas sobre o impacto da privação do sono na saúde, mas vamos analisar a situação do ponto de vista do desempenho do cérebro. Como explica a dra. Liz Joy:

> O sono promove a renovação. É quando consolidamos as nossas memórias. É o que nos possibilita lembrar das coisas de um dia ao outro. Então, se você tiver uma reunião importante no dia seguinte, será interessante processar essa informação enquanto estiver dormindo, de modo que você possa efetivamente usá-la quando for necessário. É uma das coisas que o sono faz. Dormir melhora as nossas memórias. Melhora a nossa cognição. Possibilita que sejamos seres pensantes.[19]

Um estudo revelou que pessoas que passaram entre 17 e 19 horas sem dormir apresentaram desempenho similar ao de uma pessoa com 0,05% de álcool no sangue, com tempos de resposta até 50% mais lentos em alguns testes. Após longos períodos sem dormir, o desempenho piorou ainda mais, algo parecido com um nível de álcool no sangue de 0,1%.[20] No que se refere a desempenho, isso significa que trabalhar sem dormir equivale a estar bêbado.

A questão mais importante é: como queremos nos sentir ao longo do dia? Queremos passar o dia com a mente nebulosa e confusa, incertos sobre o nosso desempenho? Ou será que não seria melhor nos sentirmos descansados e preparados, sabendo que estamos no nosso melhor desempenho? Supondo que seja esta a nossa escolha, a questão passa a ser: "Como dormir melhor?"

Se você quiser dormir melhor, tente as sugestões a seguir:

1. **Exercite-se.** Os impulsionadores do Movimento e do Sono estão inextrincavelmente ligados. Exercitar-se é uma excelente maneira de dormir bem. Quando você se exercita regularmente, seu corpo precisa

se recuperar mais, de modo que naturalmente entra em um sono mais profundo e reparador.[21] No entanto, muitas pessoas têm dificuldade de dormir logo depois de uma sessão de exercícios, de modo que também é interessante atentar para o horário dos exercícios. O importante é fazer o que mais se adequa a você.

2. **Desligue seus dispositivos.** Se você tem o hábito de assistir TV ou checar os e-mails logo antes de ir dormir, a luz em seus olhos pode sinalizar ao cérebro que ainda é de dia, e não à noite. Qualquer luz à noite pode prejudicar o sono, de acordo com os pesquisadores, mas nos últimos anos os estudos estão se concentrando na investigação da particularmente potente "luz azul" emitida em abundância pelas telas de smartphones e computadores.[22] De acordo com Steven Lockley, pesquisador do sono da Harvard Medical School: "A luz, principalmente a azul, alerta o cérebro, suprime a melatonina e altera o seu relógio biológico, tudo ao mesmo tempo".[23] Além disso, mesmo se seus dispositivos ficarem desligados, mantê-los por perto à noite pode ser uma fonte de distração mental e de estresse, levando-o a preocupar-se com quais mensagens podem estar entrando em suas redes sociais ou no e-mail da empresa. Algumas pessoas acham interessante deixar todos os dispositivos em outro cômodo para lembrá-las fisicamente de que o trabalho está feito e é hora de dormir.
3. **Cuidado com a cafeína e o álcool.** Quando você toma uma xícara de café, leva entre quinze e trinta minutos para a cafeína começar a ter um efeito estimulante no cérebro, sendo que os níveis no sangue atingem o pico em cerca de uma hora. Em seguida, leva entre três a sete horas para os níveis de cafeína serem reduzidos pela metade, dependendo de sua idade, peso e tolerância à cafeína. Como afirma William C. Dement, autor do best-seller *The Promise of Sleep*: "Não pense que, se você tomar uma ou duas xícaras de café ou chá às 6 da tarde, toda a cafeína vai ter sido liberada do seu sistema quando você for para a cama às 11 da noite".[24] O consumo de álcool pouco antes de ir para a cama também pode afetar sua capacidade de dormir, bem como uma refeição pesada. Também nesses casos os efeitos específicos sobre você e seu corpo podem depender de vários fatores. A ideia é testar algumas variações e ver o que acontece para poder fazer as alterações apropriadas e assim conseguir dormir melhor.

4. **Crie um ambiente propício ao sono.** Fatores individuais, como a temperatura, a firmeza do colchão, a sensação das roupas de cama ao toque, o nível de ruído e, em especial, a quantidade de luz no quarto podem afetar bastante a qualidade de seu sono. Reserve um tempo para testar diferentes variações e monte um ambiente propício ao sono. Você vai ter de negociar alguns pontos com o seu companheiro de quarto, mas, se tudo der certo, os dois podem sair ganhando.
5. **Aproveite-se da tecnologia.** Para os intrépidos, já existe uma série de tecnologias vestíveis disponíveis no mercado para mensurar a qualidade do sono (como pulseiras ou relógios de pulso). Se você realmente quiser ter uma boa ideia de seu comportamento durante o sono, pode ser interessante investir em um dispositivo como esse.

Mas, no fim das contas, tudo isso só funciona se efetivamente melhorar a qualidade do seu sono. Veja uma lista de verificação resumida, retirada do livro *The Promise of Sleep,* dos indicadores que podem ajudá-lo a avaliar suas chances de conseguir uma boa noite de descanso:[25]

- Você evita sistematicamente tomar cafeína à noite?
- Você costuma jantar pelo menos três horas antes de ir para a cama?
- Você costuma ir dormir todo dia no mesmo horário, com raras exceções?
- Você tem um ritual antes de dormir, como tomar um banho quente e talvez ler um pouco, para relaxar até pegar no sono?
- Seu quarto costuma ser tranquilo a noite toda?
- Você tem como manter o seu quarto na temperatura certa?
- Você poderia dizer que sua cama, especialmente seu colchão e travesseiros, é o lugar mais confortável do mundo?
- As suas roupas de cama (cobertores, colchas, edredons, lençóis e fronhas) são perfeitos para você?

Esses comportamentos estão no centro das atividades do Q2 que requerem uma escolha consciente para serem programadas e implementadas.

E, como todas as atividades do Q2, proporcionam um retorno desproporcional sobre o investimento. Você precisa perguntar a si mesmo: "O que vale a pena fazer para eu poder passar o dia com a mente clara, tranquila, relaxada e apresentando o melhor desempenho?". Esse é o retorno de um padrão de sono deliberadamente escolhido. Como afirma William Dement: "Se você leva sua saúde, alimentação e condicionamento físico a sério, também precisa levar a sério o seu sono".[26]

IMPULSIONADOR 4: RELAXAR

Tendemos a achar que ser extraordinariamente produtivo implica estar ligado e fazendo alguma coisa o tempo todo. Na realidade, nada está mais longe da verdade. Pessoas de alto desempenho sabem a importância de uma recuperação deliberada e regular depois de períodos de muito esforço. O "Impulsionador 4: Relaxar" diz respeito ao modo como administramos a recuperação e como lidamos com o estresse nos momentos em que estamos ligados. Se soubermos fazer isso bem, seremos capazes de manter um alto nível de energia.

VALORIZE A RECUPERAÇÃO

No mundo dos esportes competitivos de alto desempenho, a qualidade da recuperação do atleta vem recebendo muita atenção. Por muitos anos, a ênfase foi em evitar um treinamento excessivo, o que acontece quando os atletas se exercitam demais ou por muito tempo. Quando isso acontece, o corpo perde a energia e o atleta perde o entusiasmo. O resultado é uma exaustão não muito diferente do excesso de trabalho ou de uma vida estressante demais.

A mentalidade mudou ao longo dos últimos anos no campo do atletismo e hoje a tendência é achar que, em vez de se concentrar no problema do treinamento excessivo, uma abordagem mais interessante pode ser focar no problema da recuperação insuficiente.[27] A razão pela qual essa mudança é importante é que isso altera o modo como resolvemos o problema. O objetivo, nos dois casos, é o mesmo: manter um desempenho elevado.

Se acreditarmos que o problema é o excesso de treinamento, podemos simplesmente tentar resolvê-lo treinando menos ou desacelerando um pouco no trabalho se estivermos estressados demais.

No entanto, se olharmos o problema do ponto de vista da recuperação insuficiente, tenderemos a integrar, de maneira diligente e programada, as atividades que recarregam as nossas energias e nos ajudam a equilibrar a nossa carga de trabalho. Como afirma um pesquisador: "Reduzir a carga de treinamento não é necessariamente a solução para evitar o treinamento excessivo".[28]

A vantagem dessa abordagem é que devemos dar tanta atenção à recuperação quanto ao treinamento [ou ao trabalho!].[29] Isso costuma ser difícil porque:

> ... tendemos a ser consumidos pela perspectiva de que a coisa que queremos que aconteça – ficarmos mais fortes, mais rápidos, mais em forma – só acontece quando trabalhamos nela, exercendo algum tipo de controle. Não estamos acostumados com a ideia de que relaxar, descansar, abrir mão do controle pode ser tão importante para a cura, a recuperação e o fortalecimento quanto os demais fatores.[30]

Devido a essa tendência, "a atenção à recuperação pode até exigir mais disciplina do que o treinamento".[31]

Para os nossos propósitos neste livro, isso significa identificar com muita diligência as atividades do Q2 que verdadeiramente nos renovam e nos ajudam a recuperar a energia e incorporar essas atividades em nossa vida com muita disciplina, sem culpa ou vergonha.

Você se lembra do que falamos sobre a Matriz do Tempo na Escolha 1, quando as pessoas muitas vezes dizem timidamente que precisam de um pouco de tempo no Q4? O que as pessoas realmente querem dizer com isso é que elas precisam de um tempo para relaxar, mas, por alguma razão estranha, acham que não devem fazer isso por considerar que não seria um tempo produtivo. Na realidade, as atividades relaxantes ou de recuperação do Q2 são vitais para a nossa produtividade. São Grandes Rochas que afetam tanto o nosso desempenho quanto o tempo passado trabalhando diretamente em uma tarefa ou projeto específico.

> O jornalista Matt Richtel entrou em um grupo de cientistas que foram as próprias cobaias para um experimento que envolvia se desconectar completamente por vários dias. "Eles queriam entender o que acontecia com o cérebro e com as perspectivas deles – e, por extensão, as nossas – em um contexto de total isolamento."

> O grupo desceu de jangada o rio San Juan, no sul de Utah, um dos locais mais remotos da América do Norte. Eles se impuseram uma regra inviolável: celular e internet estavam expressamente proibidos. "Por que eu digo que a regra era inviolável? Simplesmente porque o celular não pegava lá. E não tinha internet. Logo depois que partimos em nossas jangadas, um dos cientistas declarou que era o 'fim da civilização' ou, em outras palavras, que a partir daquele ponto não teríamos mais sinal de celular."
>
> Ao fim de três dias, o grupo notou uma mudança. Eles chamaram o fenômeno de "efeito dos três dias". "Você começa a ficar mais relaxado. Você até dorme um pouco melhor... Pode esperar um pouco mais antes de responder a uma pergunta. Pode não se apressar para fazer as coisas. O seu senso de urgência desaparece."
>
> Os cientistas chegaram à conclusão inequívoca de que o tempo ocioso era essencial para a saúde do cérebro.[32]

As estratégias de recuperação variam de uma pessoa à outra e às vezes a estratégia de recuperação certa envolve reduzir a carga de trabalho ou até tirar um bom tempo de folga. Uma atividade de recuperação e relaxamento também pode ser tão simples quanto uma pausa de quinze minutos para mudar de ares. Muitas empresas têm uma academia de ginástica ou áreas tranquilas nas quais os colaboradores podem relaxar por um tempo. Um conhecido nosso, que tem uma equipe pequena e pouco espaço no escritório, reservou uma sala para ser usada como um espaço de tranquilidade, onde as pessoas, quando bem entenderem, vão para descansar o cérebro e recarregar as baterias antes de voltar ao trabalho.

De acordo com um artigo do *The New York Times*, "Um número cada vez maior de evidências demonstra que fazer pausas regulares em tarefas mentais melhora a produtividade e a criatividade... e que pular intervalos pode levar ao estresse e à exaustão".[33]

Se você tiver uma abordagem equilibrada, incorporando sistematicamente atividades de recuperação em sua vida, terá um padrão sustentável de trabalho e de recuperação capaz de sustentar um alto nível de energia e motivação em longo prazo.

Veja algumas estratégias que podem ser úteis. Observe e analise se encontra alguma que se encaixe em seu estilo:

1. Fazer uma pausa tranquila depois de concluir uma tarefa importante no trabalho.
2. Envolver-se ativamente em um hobby.
3. Assistir a um filme inspirador ou ao seu programa de TV favorito.
4. Navegar por sites interessantes na internet.
5. Conversar com um amigo.
6. Fazer uma caminhada.
7. Ouvir música.
8. Fazer uma massagem.
9. Tirar um rápido cochilo no meio do dia.
10. Fazer exercícios físicos.
11. Sair com os amigos.
12. Sair para uma caminhada nas montanhas.
13. Meditar.
14. Realizar um serviço comunitário.
15. Jogar games.
16. Fazer ioga.
17. Ligar para um amigo.
18. Passar um tempo com a família.
19. Envolver-se em práticas espirituais ou cultos.
20. Rir.
21. Cuidar do jardim.
22. Trocar de projeto no trabalho.
23. Ler um bom livro.
24. Respirar fundo algumas vezes.

A ideia é que essas atividades são tão importantes quanto quaisquer outras e estão bem no meio do Q2! No entanto, justamente por estarem no Q2, elas provavelmente não ocorrem por si só. Você precisa escolher e implementar deliberadamente as suas estratégias de recuperação, do mesmo modo que faria para todos os 5 Impulsionadores da Energia!

MANTENHA A CALMA EM SITUAÇÕES DE ESTRESSE

Outro aspecto do "Impulsionador 4: Relaxar" é o modo como você lida com o estresse nos momentos em que está trabalhando, e não se recuperando.

> Se você assistiu ao filme *Gravidade*, viu um excelente exemplo de duas pessoas enfrentando uma situação estressante com estilos bastante diferentes. No filme, que ganhou sete Óscares, Sandra Bullock e George Clooney interpretam dois astronautas presos no espaço quando detritos atingem e destroem sua nave espacial.
>
> O comandante Matt Kowalski (interpretado por Clooney) é um astronauta veterano e dá para notar que ele é experiente. Quando os detritos atingem a nave espacial, Kowalski enfrenta a crise com uma atenção tranquila e focada, com pleno controle de si mesmo. Ele aloca sua energia para tentar acalmar a dra. Ryan Stone (interpretada por Bullock), que está no espaço pela primeira vez. Mesmo antes do acidente, ela já está tensa e nervosa e, quando a nave é atingida, seu corpo tem uma intensa reação de estresse, levando a respiração rápida e sobrecarga mental, o que prejudica sua capacidade de falar ou agir de maneira colaborativa. É só quando retoma o controle do próprio corpo que ela consegue começar a agir positivamente para lidar com o desastre. No decorrer do filme, a dra. Stone encontra sua coragem e sua força interior e é capaz de voltar à Terra com segurança.

Apesar de a maioria de nós provavelmente ser incapaz de enfrentar uma crise tão drástica, não é interessante ver como as pessoas reagem a situações difíceis de maneiras tão diferentes? É sempre impressionante quando alguém passa por uma situação de estresse e, com uma atitude tranquila e centrada, toma boas decisões e as executa com confiança.

Algumas pessoas têm a capacidade de chegar a esse estado com mais naturalidade do que outras e a boa notícia é que é possível aprender essa habilidade. Com efeito, quanto mais você melhorar nisso, mais será capaz de pensar com clareza para tomar boas decisões em situações estressantes, sendo capaz de focar sua energia onde mais importa em vez de desperdiçá-la tentando lidar com o estresse.

A reação ao estresse que paralisou a dra. Stone tem raízes no – isso mesmo, você adivinhou – Cérebro Reativo. Quando nos vemos diante de situações que consideramos estressantes, uma onda de substâncias químicas é liberada em questão de milissegundos, mobilizando o nosso corpo para agir. Isso pode ter três resultados: lutar (prontidão para o combate), fugir (prontidão para correr) ou, em alguns casos, congelar (paralisia para tomar qualquer ação). Os mesmos hormônios do estresse acionam esses três resultados: o cortisol e a adrenalina.

A reação do corpo ao estresse pode ser bastante útil quando precisamos mobilizar o nosso corpo para reagir a uma ameaça imediata. O que não ajuda em nada é o fato de que todo esse mecanismo biológico prejudica o funcionamento de nosso Cérebro Pensante. O que acaba acontecendo é que, quando estamos estressados, não pensamos com clareza nem tomamos boas decisões. Além disso, quando vivemos em um estado prolongado de estresse, acabamos sofrendo com todo tipo de efeitos físicos e mentais, incluindo distúrbios do sistema imunológico e doenças cardiovasculares, bem como ansiedade e depressão.

Em 1975, em seu livro pioneiro A *Resposta do Relaxamento*, Herbert Benson lançou a ideia de que seria possível treinar o nosso cérebro para se afastar da reação do estresse e substituí-la pelo que ele chamou de a "reação do relaxamento".[34] Nas décadas que se seguiram, muitas pesquisas científicas corroboraram essa ideia e desvendaram o modo como isso acontece. Só precisamos aprender a colocar o conceito em prática. Como Dan Harris afirmou em seu recente livro *10% mais feliz*, "O cérebro, o órgão da experiência, por meio do qual vivemos toda a nossa vida, pode ser treinado. A felicidade é uma habilidade".[35]

Várias técnicas podem ajudá-lo a desenvolver a reação do relaxamento, mas todas se baseiam em encontrar uma rotina mental e física que propicie fazer uma pausa e mudar o modo de pensar para acalmar seu Cérebro Reativo e voltar ao Cérebro Pensante. Ao praticar essas rotinas, seu cérebro vai ficando cada vez melhor até chegar ao ponto em que você é capaz de efetivamente mudar o modo como reage ao estresse. Não importa qual rotina você escolhe, contanto que ela seja eficaz e você a pratique.

Veja algumas das técnicas mais amplamente validadas:

- **Distanciamento.** Visualize mentalmente a situação ou a pessoa estressante e distancie a imagem até a pessoa ou o cenário ficarem bem pequenos. Seu cérebro foi configurado para reagir a problemas grandes e próximos. Ao minimizar a imagem, o cérebro se acalma. Você também pode imaginar a pessoa falando com uma vozinha de esquilo, o que minimiza a sensação de ameaça, além de dar um toque de humor.

- **Mudança de perspectiva.** Quando se sente ameaçado ou estressado com alguma situação, seu cérebro tem uma reação correspondente. Quando você muda a perspectiva ou reavalia a situação como um desafio positivo que não vê a hora de enfrentar, seu cérebro reage de maneira mais construtiva.[36] Ver os desafios como passos essenciais para atingir importantes Metas do Q2 também pode motivá-lo a agir.
- **Respire fundo.** Respirar fundo e contar até dez altera tanto a fisiologia quanto a composição química do cérebro. O oxigênio adicional ajuda e esse simples exercício pode lhe proporcionar a pausa necessária para que seu Cérebro Reativo recue enquanto seu Cérebro Pensante assume.
- **Meditação.** Não faltam pesquisas sobre os benefícios antiestresse da meditação regular. A meditação não só o ajuda a atingir estados mais relaxados durante a sessão como também efetivamente pode reconfigurar seu estado normal para que você passe o dia mais tranquilo e não se irrite tanto sob pressão. Esse é o melhor tipo de reconfiguração do cérebro e você não precisa usar um manto vermelho ou atingir o nirvana para isso acontecer. A meditação não passa de uma técnica que pode ser usada para acionar diferentes botões químicos em seu cérebro, posicionando-se melhor para lidar com o estresse da vida.

Você já usa uma boa técnica de relaxamento? Se usar, continue! Se não, escolha uma ou mais técnicas acima que podem ser interessantes para você ou encontre outra que tenha mais a ver. A capacidade praticada de fazer uma pausa no Cérebro Reativo e acessar conscientemente o Cérebro Pensante é fundamental para tomar as boas decisões que possibilitam a produtividade extraordinária.

QUESTIONE OS PENSAMENTOS NEGATIVOS AUTOMÁTICOS

Uma última técnica que vamos propor vem do dr. Daniel Amen. Veja o que ele diz:

> O estresse provavelmente é o maior ladrão de energia mental e, segundo a minha experiência, a maior causa do estresse são os pensamentos negativos que rondam a nossa cabeça. Na verdade, eu os chamo de pensamentos negativos automáticos. São aqueles que entram em nossa cabeça automaticamente e acabam com o nosso dia.
>
> Então, sempre que você estiver se sentindo triste, furioso, nervoso ou descontrolado, anote seus pensamentos negativos automáticos. Anote os pensamentos negativos e se pergunte se eles são reais. O ato de anotar os pensamentos negativos os tira da sua cabeça. O ato de questionar esses pensamentos aciona a parte frontal e pensante do cérebro para se livrar deles. [37]

Anotar as coisas é uma técnica bastante eficaz e também nesse caso leva ao padrão de desligar o Cérebro Reativo e engajar o Cérebro Pensante. Na verdade, a maioria das situações não é tão grave quanto o seu Cérebro Reativo acha que é. E, se for, você pelo menos estará em uma posição melhor para lidar com elas.

UM ÚLTIMO COMENTÁRIO SOBRE O PLANEJAMENTO DO Q2 E O ESTRESSE

No fim das contas, uma das melhores coisas que você pode fazer para reduzir o estresse dia após dia é se aprimorar nos sistemas de Planejamento do Q2 da "Escolha 3: 'Programe' as grandes rochas, não se perca em meio ao cascalho". Usar a Lista Mestra de Tarefas para registrar todas as atividades importantes, usar os Fusos Horários do Q2 para incorporar ordem e estrutura às suas prioridades e praticar o Planejamento Semanal e Diário do Q2 com base em seus mais profundos desejos e motivações lhe dará uma paz de espírito e um senso de integridade que eliminarão grande parte do estresse autoimposto que você leva consigo ao longo do dia. Essas técnicas o ajudarão a lidar com as pressões externas da vida, confiando que tudo está em ordem e que suas prioridades mais importantes não estão sendo negligenciadas.

IMPULSIONADOR 5: CONECTAR-SE

Podemos não pensar nos relacionamentos como uma maneira de aumentar a energia mental, mas é isso que acontece. O cérebro não só foi configurado para se movimentar, mas também é um órgão inerentemente social. O cérebro se desenvolveu para nos ajudar a interagir com os outros e formar fortes vínculos comunitários que contribuem para a nossa sobrevivência e bem-estar.

> Um exemplo de como isso funciona é o hormônio ocitocina, que atua como neuromodulador no cérebro. A ocitocina intensifica sentimentos de confiança, união e proximidade com os outros e pode reduzir sentimentos de medo e estresse. É um hormônio essencial que produz uma sensação de bem-estar, é cultivado em relacionamentos saudáveis e também nos ajuda a manter uma boa convivência com as pessoas ao nosso redor.[38]

Se tivermos relacionamentos próximos e mutuamente positivos na vida, podemos contar com uma fonte preciosa de energia e bem-estar. De acordo com uma publicação da Harvard Medical School:

> Dezenas de estudos demonstram que as pessoas que contam com relações satisfatórias com parentes, amigos e a comunidade são mais felizes, têm menos problemas de saúde e vivem mais. Por outro lado, uma relativa insuficiência de vínculos sociais está associada à depressão e ao declínio cognitivo com a idade, bem como com uma maior mortalidade. Um estudo, que analisou dados de mais de 309 mil pessoas, revelou que a falta de vínculos fortes aumentou em 50% o risco de morte prematura em virtude de todas as causas – um efeito sobre o risco de mortalidade que pode ser comparado com fumar até 15 cigarros por dia.[39]

Além disso, pesquisas demonstram que relacionamentos humanos saudáveis podem efetivamente ter um efeito de cura no corpo. A dor social, por sua vez, é interpretada do mesmo modo que a dor física (como uma perna quebrada) pelo cérebro.[40]

Esse tipo de benefício é algo que acontece em interações presenciais e não pela internet. Em um estudo que analisou o uso da internet e seu efeito sobre os relacionamentos, os pesquisadores constataram que as relações no ciberespaço não proporcionam o tipo de apoio psicológico e felicidade proveniente do contato na vida real. Isso acontece porque, como Robert Kraut, o autor do estudo, sugeriu: "os relacionamentos tendem a ser superficiais, levando a um declínio global do sentimento de conexão com as pessoas".[41]

Por fim, como afirma outro pesquisador: "Os cientistas tiveram de expandir sua mentalidade para acomodar a ideia de que neurônios individuais ou cérebros humanos individuais não existem na natureza. Sem interações mutuamente estimulantes, pessoas e neurônios definham e morrem".[42]

Esses relacionamentos demandam tempo e comprometimento para serem desenvolvidos e, se não forem priorizados, podemos facilmente deixar passar a saúde, a vitalidade, a força e a energia resultantes de relacionamentos autênticos com as pessoas. No entanto, não é raro, em nossa vida agitada, deixar essas coisas despencarem para o fim de nossa lista de prioridades.

> Lisa estava na casa dos 40 anos quando repensou seriamente sua vida. Ela vinha dando duro em um longo e difícil projeto, caiu doente e foi forçada a ficar vários meses afastada do trabalho.
>
> Ela sempre achou que se cuidava bem. Tinha uma dieta saudável, se exercitava, adorava o trabalho, mas o tempo em que ficou doente literalmente a forçou a passar um bom tempo pensando em outros aspectos de sua vida. O que ela descobriu foi instrutivo e a levou a questionar seu estilo de vida.
>
> Ela percebeu que, devido a seu envolvimento no trabalho, tinha desenvolvido uma ideia artificial de sentido da vida que deixava algumas de suas necessidades mais profundas relegadas ao segundo plano. Ela era movida pelos elogios e reconhecimentos que recebia no trabalho. No entanto, recuperando-se da doença sozinha em casa, tomou consciência de que havia um profundo vazio em sua vida que já estava lá havia um bom tempo. Ela contou: "Eu já estava com o tanque de combustível praticamente vazio. E a força proveniente dessas fontes mais profundas simplesmente não estava lá quando precisei dela".
>
> Ela pensou nas decisões que tinha tomado antes dos 35 anos, inclusive a de optar por uma carreira que demandava viajar muito. Embora tivesse muitos amigos, nunca chegou a ter um relacionamento profundo e comprometido com ninguém. Pensando no futuro, ela se perguntou: "Será que eu vou querer repetir estes últimos dez anos?"

Ela também percebeu que tinha se deixado levar por um fluxo de vida artificial, definido por tarefas e projetos, e não por minutos e horas. "A minha recuperação forçada me fez me dar conta dos minutos e horas de um jeito bem concreto. Quando você está no modo de tarefas, os dias e semanas passam e você perde a noção do tempo. As estações mudam sem você perceber e você perde o contato com o ritmo natural do mundo. Eu pensei comigo mesma: 'Em que mundo eu estava vivendo? Como pude deixar tudo isso passar?'."

Assim, Lisa começou a investir em relacionamentos mais profundos e em se conectar conscientemente com os ritmos fundamentais da natureza. "É importante fazer um bom trabalho", ela explicou, "mas o trabalho não preenche a vida de uma pessoa da mesma forma que um relacionamento significativo com outro ser humano. A capacidade de amar e ser amado é enriquecedora e gratificante. Essa necessidade sempre esteve lá, mas estava encoberta e eu não estava me dando conta. Quando esses poços mais profundos são preenchidos, tenho uma perspectiva melhor e mais força. Posso tomar decisões melhores no meu trabalho e na minha vida. Eu me sinto completa."

Essa história destaca o valor do equilíbrio de todos os 5 Impulsionadores da Energia. Mesmo se você estiver indo bem em alguns deles, ignorar outros aspectos do seu ser pode drenar seus recursos e seus reservatórios mais profundos de energia. Nosso ser é formado de uma totalidade de fatores e qualquer aspecto interior negligenciado ou ignorado acabará, mais cedo ou mais tarde, revelando suas consequências negativas.

No entanto, conectar-se desse modo requer um esforço consciente do Q2 no mundo de hoje. Como afirma o dr. Ed Hallowell:

> O momento humano está desaparecendo da vida moderna. Está sendo substituído pelo momento eletrônico. Um momento humano requer dois elementos: em primeiro lugar, presença física; e, em segundo lugar, atenção. Assim, não basta estar com alguém para constituir um momento humano. Você pode estar sentado ao lado de alguém em um avião e não ter qualquer momento humano. É preciso focar. Isso implica desconectar-se do seu laptop. Implica largar o

> celular. Não é possível se envolver em multitarefas e ter um momento humano produtivo. É preciso deixar tudo de lado, fazer contato visual e se conectar com o outro: ouvir, relaxar, não se apressar... As pessoas estão famintas desse tipo de conexão porque é algo raro. E, se você se dedicar a largar tudo, realmente se conectar com o outro, será como uma pessoa no deserto que encontra um oásis: "Ah, finalmente!"[43]

Reflita sobre os seus relacionamentos e sobre a qualidade de sua conexão com essas pessoas. Você tem relacionamentos que poderiam ter uma conexão mais profunda? Você está negligenciando algumas relações importantes de sua vida? Você pode se engajar em algumas atividades do Q2 para investir nesses relacionamentos?

RESOLVENDO A CRISE DE ENERGIA

Todos esses 5 Impulsionadores da Energia são bastante eficazes por si só. Se você investir tempo mesmo que só em um deles, obterá um benefício rápido e claro. No entanto, o maior benefício resulta de um padrão de vida regular que incorpore todos os 5 Impulsionadores da Energia. Se você tiver um padrão saudável de se movimentar, comer, dormir, relaxar e se conectar, estará fortalecendo a si mesmo como ser humano em sua totalidade. Nesse cenário, os 5 Impulsionadores da Energia funcionam juntos para abastecer seu corpo e sua mente para que você possa tomar decisões melhores, focar sua atenção e energia e se sentir realizado ao fim do dia.

Quando você faz investimentos do Q2 em si mesmo, acaba com mais energia para se dedicar aos seus propósitos e metas mais importantes, sente-se melhor consigo mesmo e sua mente ganha clareza e fica mais receptiva às possibilidades. A "Escolha 5: Alimente sua chama interior sem se consumir" constitui as bases da capacidade de implementar todas as outras escolhas e lhe dá a energia necessária para fazer todo o resto.

MANEIRAS SIMPLES DE COMEÇAR

Você pode começar a aplicar os princípios e as práticas da "Escolha 5: Alimente sua chama interior sem se consumir" empreendendo qualquer uma das ações simples a seguir. Escolha as mais relevantes para você.

- Escolha uma maneira de se movimentar mais no trabalho e faça isso conscientemente pelo menos uma vez por dia esta semana. Marque na sua agenda quando você fizer isso para o seu cérebro poder lhe dar um tapinha nas costas!
- Compre alimentos saudáveis (frutas, verduras, etc.) e deixe-os em sua mesa para ter o que mastigar enquanto trabalha.
- Vá para a cama quinze minutos antes do normal.
- Planeje alguma atividade divertida esta semana para relaxar.
- Passe um tempo a mais fortalecendo algum relacionamento importante de sua vida.

RESUMINDO

- O cérebro é seu maior ativo neste mundo de trabalho ligado ao conhecimento.
- Manter-se consciente e deliberado ao longo do dia requer muita energia.
- As duas fontes de energia são: um propósito claro e motivador e um corpo saudável.
- Os 5 Impulsionadores da Energia são: Movimentar-se, Comer, Dormir, Relaxar e Conectar-se.
- Quando faz investimentos regulares nesses 5 Impulsionadores da Energia, você cria um padrão de vida que alimenta sua chama interior e o impede de se consumir.

CONCLUSÃO

SUA VIDA EXTRAORDINÁRIA

"O modo como passamos nossos dias é, naturalmente, o modo como passamos nossa vida."

ANNIE DILLARD

Quando o alarme disparou na mesinha de cabeceira de Kiva, ela instintivamente estendeu a mão para pegar o celular. (Não era fácil se livrar daquele hábito!) No entanto, dessa vez, suas mãos encontraram sua roupa de ioga. "É mesmo", ela pensou, "é hoje que eu começo!".

Ela tinha conscientemente deixado o celular em outro cômodo na noite anterior e as roupas de ioga na mesa de cabeceira para se lembrar de seu plano de se exercitar pela manhã. Sabendo que Kellie lhe perguntaria no trabalho se ela tinha feito sua atividade física, Kiva se vestiu e foi até a TV para começar sua nova rotina de exercícios.

Ela levou alguns minutos para destravar, mas, depois de trinta minutos de movimento e alongamento, ela já estava se sentindo energizada e pronta para encarar o dia.

Sorrindo, foi à geladeira e pegou um iogurte e alguns outros alimentos saudáveis e deu uma olhada nos compromissos do dia na agenda. Ela tinha uma ou duas coisas importantes que planejara fazer hoje no trabalho e ela queria garantir que dedicaria o tempo necessário para se focar nelas. Ao rever sua agenda e as tarefas do dia, lhe ocorreu que seria interessante ter alguns dados adicionais para a reunião de avaliação do projeto e que, se começasse hoje, teria os dados prontos para a reunião. Ela reorganizou rapidamente a agenda e reservou uma hora para trabalhar nisso também. Sabendo que suas maiores prioridades já tinham um lugar reservado na agenda, ela continuou a se preparar para o dia.

Enquanto esperava a chegada do trem, enviou uma mensagem de texto a Kellie contando que fez os exercícios de ioga. "Eu também! :)", Kellie respondeu. Quem diria que Kellie também gostava de ioga? Kiva ficou grata pela ajuda em incorporar essa nova rotina a seu dia a dia.

Kiva usou a viagem de trem para rever alguns relatórios de status do projeto e checar os e-mails marcados como cruciais pelas regras que ela tinha configurado. Depois, nos últimos dez minutos do percurso, fechou o laptop e olhou ao redor. O sol tinha nascido por cima das árvores poucos minutos antes e o dia prometia ser lindo. "Seria legal fazer alguma atividade ao ar livre neste fim de semana." Ela criou uma tarefa para ligar para o irmão, que morava por perto, para ver se ele já tinha planos.

Quando entrou no escritório, sua paz e tranquilidade foram imediatamente atacadas por... Karl! "Você deve estar de brincadeira", ela pensou, "esse cara está em todo lugar! Tudo bem, Karl. Vamos ver o que você quer desta vez." Enquanto ouvia a solicitação de Karl, Kiva percebeu que a maioria das informações que ele queria estava disponível no sistema. Ele só precisaria se dar ao trabalho de procurar. "Karl", ela disse, "eu queria ajudar você, mas, sinceramente, você deveria ser capaz de encontrar essas informações sozinho. Vamos lá falar com a Shareese da contabilidade e pedir para ela ensinar como acessar esses dados no sistema. É o trabalho dela e sei que vai gostar de ajudar". Depois de ir com Karl até a contabilidade e explicar a Shareese o que ele precisava, Kiva voltou à sua mesa.

No decorrer do dia todo, ela conseguiu seguir seus planos com pouquíssimas alterações. Teve de participar de uma reunião urgente marcada em cima da hora, mas conseguiu fazer uma alteração em sua agenda para acomodar o compromisso imprevisto. Ligaram pedindo outra reunião, mas ela parou para pensar e constatou que sua presença não seria importante, de modo que recusou a solicitação.

Kiva estava satisfeita por ter conseguido reservar um tempinho para coletar os dados para a próxima reunião de avaliação do projeto, porque, quando analisou as informações, notou alguns problemas que provavelmente surgiriam e que demandariam uma ação da parte dela. Ela sabia que alguns colegas também precisariam tomar providências para resolver o problema, de modo que marcou uma reunião com John e Livya para o dia seguinte. Rapidamente, digitou no corpo do convite o objetivo do encontro e anexou os dados coletados para que eles pudessem analisá-los com antecedência.

No fim da tarde, Kiva reservou alguns minutos para rever o que fez naquele dia, registrar algumas informações importantes em suas anotações, transferir algumas tarefas e fechar o dia em sua agenda.

Ao sair do escritório, ela estava se sentindo mais leve do que tinha previsto. Percebeu que, apesar de ter precisado resolver alguns Q1s inesperados que surgiram no decorrer do dia, tinha conseguido realizar as tarefas importantes que planejara e sabia que as outras prioridades já estavam devidamente programadas em sua agenda. Ela se deu conta de que não tinha alterado muito os seus planos e ainda por cima tinha feito algumas coisas que levaram o seu dia a ser muito mais produtivo e gratificante. Satisfeita com a situação, ela abriu um sorriso e pensou em ligar para o irmão. "Já faz um tempo que a gente não se vê", ela pensou. "Vai ser ótimo passar um tempo com ele. O que será que ele anda aprontando?"

Kiva estava satisfeita por ter conseguido tirar um tempinho para coletar os dados para a próxima reunião de avaliação do projeto, porque, quando analisou os dados, notou alguns problemas que provavelmente surgiriam e que demandariam uma ação da parte dela. Ela sabia que alguns colegas também precisariam tomar providências para resolver o problema, de modo que marcou uma reunião com John e Livya para o dia seguinte. Rapidamente digitou no corpo do convite o objetivo da reunião e anexou os dados coletados para que eles pudessem analisá-los antes da reunião.

No fim da tarde, Kiva reservou alguns minutos para rever o que fez naquele dia, registrar algumas informações importantes em suas anotações, transferir algumas tarefas e fechar o dia em sua agenda.

Ao sair do escritório, ela estava se sentindo mais leve do que tinha previsto. Percebeu que, apesar de ter precisado resolver alguns Q1s inesperados que surgiram no decorrer do dia, tinha conseguido realizar as tarefas importantes que planejara e sabia que as outras prioridades já estavam devidamente programadas em sua agenda. Ela se deu conta de que não tinha alterado muito os seus planos e ainda por cima tinha feito algumas coisas que levaram o seu dia a ser muito mais produtivo e gratificante. Satisfeita com a situação, ela abriu um sorriso e pensou em ligar para o irmão. "Já faz um tempo que a gente não se vê", ela pensou. "Vai ser ótimo passar um tempo com ele. O que será que ele anda aprontando?"

SEÇÃO ESPECIAL: SEJA UM LÍDER DO Q2

O QUE UM LÍDER PODE FAZER

"A liderança é uma escolha, não um cargo."
STEPHEN R. COVEY

A cultura é particularmente sensível às ações de seus líderes. Quase por definição, essas ações têm um impacto desproporcional sobre o clima de uma cultura e nas atitudes das pessoas. A liderança, porém, não diz respeito apenas a uma posição. Na verdade, alguns dos líderes mais poderosos do mundo não detinham qualquer cargo formal e concreto de poder (como, por exemplo, Madre Teresa de Calcutá ou Gandhi). Segundo esse ponto de vista, a liderança é uma escolha, não um cargo ou posição.

Quando pensamos nos líderes, pensamos em alguém disposto a mobilizar as pessoas para realizar uma mudança. Você pode ser um líder em sua equipe ou organização, pode ser um líder em sua família ou comunidade. Qualquer pessoa que queira melhorar a situação e tomar as medidas necessárias pode ser um líder.

As sugestões apresentadas aqui são ideias de como você pode exercer a liderança em cada uma das 5 Escolhas para criar uma cultura do Q2. Mostram como os princípios das 5 Escolhas podem ser aplicados em circunstâncias diferentes para levar a resultados mais produtivos. Muitas dessas sugestões se aplicam a pessoas que detêm alguma autoridade formal. Outras podem ser aplicadas independentemente da posição ou cargo.

Em todos os casos, você precisará se comprometer a exemplificar deliberadamente os comportamentos das 5 Escolhas para os outros.

Se for um líder de nível sênior e quiser desenvolver formalmente uma cultura do Q2 em sua organização, consulte o próximo capítulo, "Crie uma cultura do Q2 na sua organização". De qualquer maneira, este capítulo é dedicado a qualquer pessoa disposta a liderar e fazer uma diferença em seu entorno. Basta dar uma olhada nas ideias apresentadas a seguir, ver quais delas se aplicam a você e se comprometer a implementá-las, uma de cada vez.

ESCOLHA 1: CONCENTRE-SE NO IMPORTANTE, NÃO REAJA AO URGENTE

- **Fale de seu compromisso com uma cultura do Q2 com as pessoas a seu redor.** Deixe claro o que você está tentando fazer e como isso poderia ajudar as pessoas a se sentirem mais realizadas ao fim do dia. Ao se comprometer em público, você basicamente está declarando: "Isso é importante. Estou disposto a prestar contas por isso".
- **Ensine a Matriz do Tempo e vincule-a aos resultados da empresa.** Reserve um tempo nas reuniões da equipe ou em outros contextos para ensinar a Matriz do Tempo e o retorno sobre o investimento de atuar no Q2. Faça cartazes da Matriz do Tempo e cole-os onde as pessoas possam vê-los. Coloque a sua equipe ou as metas da empresa no Q2 para que as pessoas saibam quais são as prioridades e entendam a importância do Q2. Quando você cria uma associação clara, as pessoas podem tomar decisões melhores sobre onde deveriam alocar seu tempo, atenção e energia. Elas também entendem o que está em jogo e se conscientizam dos perigos da distração e do desperdício. Percebem que as atividades do Q1, embora importantes, podem prejudicar a capacidade coletiva de fazer um trabalho de qualidade voltado a atingir as Metas do Q2. Ajuste os demais quadrantes também, dando exemplos específicos de distrações ou crises que tendem a ocorrer em sua equipe ou organização para conscientizar as pessoas.
- **Converse sobre o Q2.** Marque uma conversa com uma pessoa para ajudar a esclarecer as atividades do Q2. Pode ser o seu chefe (esclarecendo as atividades do Q2 para você) e, se você for um líder, você também poderia ajudar a sua equipe a manter uma atitude consciente

e deliberada em relação às tarefas mais importantes para cada colaborador individual. Se tiver apenas uma autoridade informal na organização, pode fazer isso com os colegas ou recomendar o processo ao iniciar projetos, desenvolver relacionamentos no trabalho ou interagir com as pessoas. Se for um líder formal, pode incorporar o processo no coaching ou na análise de desempenho de sua equipe. Converse sobre as metas e medidas mais importantes da empresa e sobre como é possível manter o foco nas atividades do Q2. Pergunte às pessoas o que as impede de se concentrar nessas coisas. Seja aberto e franco. As pessoas estão passando tempo suficiente nas atividades importantes? Como você pode melhorar o foco delas? O que poderia ser eliminado? Sempre que possível, seja implacável na tarefa de eliminar os Q3s e os Q4s para criar uma cultura do Q2 consciente, saudável e produtiva.

- **Use o vocabulário da importância nas conversas do dia a dia.** Se você for um líder, as pessoas estarão atentas a tudo o que você diz. Use termos como Q1, Q2, Q3 e Q4; Cérebro Pensante e Cérebro Reativo; momento de escolha; Pausar-Esclarecer-Decidir; e gestão de decisões, gestão da atenção e gestão da energia. Pergunte se as atividades são importantes ou meramente urgentes. Concentre-se nos resultados das pessoas e não no quanto elas se mantêm ocupadas no trabalho. O uso consciente do vocabulário da importância, em vez da linguagem da correria no trabalho, reforça a cultura de que o foco deve ser nas atividades importantes.
- **Permita pausas estratégicas.** Crie um ambiente seguro para as pessoas fazerem uma pausa e tomarem boas decisões sobre onde alocam seu tempo, atenção e energia. Permita perguntas esclarecedoras e de questionamento, como: Por que estamos fazendo isso? Como essa atividade vai nos ajudar a atingir os resultados desejados? Será que isso precisa mesmo ser feito agora? Essa atividade vai nos distrair de nossas prioridades mais importantes? Será que deveríamos mesmo estar fazendo isso?

Não estamos sugerindo questionar tudo de uma vez ou implementar o processo de qualquer jeito. As pessoas precisam ser criteriosas e agir com ponderação. E, francamente, algumas coisas precisam ser feitas simplesmente porque algum superior quer que seja assim.

No entanto, à medida que você escolhe as suas metas e a cultura começa a mudar, cada vez mais atividades das pessoas serão vinculadas a resultados mais significativos.

- **Faça pausas estratégicas.** Você pode ajudar a sua cultura a aprender a fazer uma pausa e tomar decisões melhores dando o exemplo desses comportamentos em público. E seria ainda melhor se você questionasse alguma de suas próprias iniciativas! As respostas a esse tipo de questionamento podem ser incômodas, mas, quando as pessoas desenvolvem a capacidade de questionar o próprio trabalho, elas também têm a oportunidade de se comprometer mais plenamente com as coisas que de fato podem fazer uma diferença. Quando as pessoas o veem agindo com integridade, sempre de acordo com os princípios e o processo, você lhes dá permissão e as encoraja a fazer a mesma coisa.
- **Ajude os outros líderes a ter uma definição clara do Q2.** Se você for um líder de líderes, ajudar os outros líderes a colocar em prática as 5 Escolhas e se focar no Q2 pode ter um grande impacto positivo sobre o trabalho deles e das equipes. Fale em termos dos principais elementos da Declaração do Papel do Q2. Qual é o foco deles? Quais são as principais Metas do Q2 para eles? Analise o que eles estão fazendo do ponto de vista da Matriz do Tempo e verifique se sabem com clareza o que é verdadeiramente importante. Proponha que eles se livrem das outras tarefas ou as deleguem para melhorarem assim sua contribuição. Isso pode ser especialmente importante para os novos líderes, que podem estar presos à mentalidade de colaboradores individuais, sem ter ainda aprendido a atribuir ou delegar tarefas como deveriam. Ajude-os a entender que, para ter sucesso na liderança, o foco precisa mudar. As atividades que pertenciam ao Q2 antes de eles se tornarem líderes agora são diferentes. O novo papel implica uma mudança de foco e uma mudança nas atividades do Q2. Qualquer mudança de papel implica redefinir o que é importante nesse papel e um planejamento para realizar essas coisas.

Não force as pessoas a entrar no Q1. O despreparo de sua parte pode ter um impacto devastador sobre seus subordinados. Chamamos isso de teoria do "clicar-girar" das organizações. Pense em um monte de engrenagens interconectadas. Quando a grande engrenagem líder gira e faz um clique (alguma decisão, alguma informação necessária, etc.), outra engrenagem posicionada em algum ponto abaixo na organização se põe a girar rapidamente para satisfazer a necessidade. Tudo bem isso acontecer se você for um líder formal. Afinal, seu trabalho é tomar as decisões que levam a alguma ação. No entanto, se você estiver operando no Q1 porque não se preparou ou não se antecipou aos acontecimentos, isso cria uma crise desnecessária para os outros. Você pode ter ouvido a afirmação: "O despreparo de sua parte não constitui uma crise da minha parte". Essa ideia também se aplica aos líderes. Como você está em uma posição de poder, os outros tendem a aguentar sem dizer nada, de modo que sua capacidade de autoconhecimento é vital. Preparar-se e não abusar de sua posição de poder pode fazer uma enorme diferença na sua organização.

- **Não force as pessoas a entrar no Q3.** O lado negro do clicar-girar é que você pode forçar pessoas ou grupos inteiros a se perder nas distrações do Q3 com muita facilidade. Às vezes, os líderes, sem pensar, se perguntam em voz alta se algum dado está correto e alguém passa as 72 horas seguintes trabalhando nisso. Se a informação for importante, a tarefa pode ser um Q1 ou um Q2. Mas, se não for, a atividade não passa de um desperdício do tempo dessa pessoa. Faça de tudo para focar apenas no importante. Aplique os filtros antes de atribuir alguma tarefa a alguém. Se for importante, vá em frente e atribua a tarefa. É por isso que você é um líder. Se não for, esqueça.
- **Acabe com as suposições.** Mantenha-se muito ciente de que os subordinados tendem a presumir que tudo o que você pede é para já. Isso acontece porque essa atitude foi o procedimento operacional padrão por muito tempo. Mesmo se você só tinha planejado que um determinado projeto fosse iniciado daqui a seis meses, pode descobrir que alguém começou rapidamente a girar, por pura força do hábito. Deixe as suas expectativas bastante claras para romper esse padrão.
- **Crie rituais positivos.** Da mesma forma como as famílias seguem tradições nos feriados, férias e assim por diante, as organizações podem criar tradições e rituais para se concentrar nas prioridades do Q2. Algumas prioridades são exclusivas de uma cultura específica, enquanto outras são deliberadamente criadas. Em uma determinada organização, um líder pode conceber um "cemitério do Q3" e, a cada vez que uma distração significativa for eliminada, ela é afixada em um cartaz na

parede como uma lápide e um reconhecimento à pessoa que se livrou dela. Em outra cultura, um líder pode reconhecer projetos concluídos a tempo, com qualidade e sem correria (em vez de celebrar o herói de uma crise do Q1 que passou noites em claro para salvar a situação). Você é quem decide o que fazer, mas fique de olho em coisas que você poderia transformar em tradições voltadas a reforçar um foco no Q2.

- **Recompense o Q2.** Recompensar o heroísmo faz parte do DNA corporativo. Alguém que consegue resolver uma emergência ganha uma medalha de ouro na reunião mensal de funcionários. Se não tomarmos cuidado, podemos encorajar a cultura do Q1. Cultive a cultura do Q2, que garante maior retorno sobre o investimento, procurando as atitudes que resolvem o problema na raiz e que impedem os Q1s, como projetos concluídos dentro do prazo e do orçamento, sem correria ou equipes que se saem com uma excelente ideia que promete um impressionante retorno no futuro. Essa é uma maneira eficaz de transferir a cultura para o âmbito do Cérebro Pensante.

ESCOLHA 2: BUSQUE O EXTRAORDINÁRIO, NÃO SE CONTENTE COM O ORDINÁRIO

- **Se você for um líder, compartilhe suas Declarações e Metas dos Papéis do Q2 com os outros.** Faz uma enorme diferença quando você opta por alocar sua energia como líder. Não faça segredo de suas prioridades. Diga às pessoas o que você está tentando fazer. Se alguns elementos forem pessoais demais, tudo bem. Compartilhe o que puder. Compartilhar suas prioridades com a equipe os ajuda a calibrar as próprias ações para atingir essas metas em comum. Se você for um líder, não pode (e não deve) tentar fazer tudo sozinho. Escolha as duas ou três coisas mais importantes que pretende realizar e organize-se em torno delas. Elimine ou delegue as outras tarefas. Esclareça as contribuições que você precisa fazer e ajude as pessoas a entender as razões para o seu foco. As pessoas vão se beneficiar da clareza e do foco no próprio trabalho. Elas podem até ter boas ideias para ajudá-lo a fazer melhor as coisas nas quais você está focado.
- **Peça às pessoas que definam as próprias Declarações e Metas dos Papéis do Q2.** Se você for um líder formal e puder fazer isso,

peça aos membros de sua equipe para elaborar a contribuição pretendida. As conversas que você vai ter com sua equipe poderão ser ao mesmo tempo esclarecedoras e motivadoras. E você pode aplicar esse princípio tanto a equipes quanto a colaboradores individuais. Imagine uma equipe que lança um projeto com uma breve declaração motivacional descrevendo como o projeto deverá contribuir para a organização e como se relaciona com as metas da empresa. Você pode transformar esse tipo de mentalidade em padrão na sua organização.

- **Use a fórmula De X para Y até o Prazo ao definir as metas para sua organização.** Fundamente-se nas descobertas da ciência cognitiva ao definir suas metas. A especificidade da fórmula deve ajudar toda a organização a tomar decisões melhores sobre em que alocar o tempo, a atenção e a energia das pessoas.

ESCOLHA 3: "PROGRAME" AS GRANDES ROCHAS, NÃO SE PERCA EM MEIO AO CASCALHO

- **Crie Fusos Horários do Q2 para sua organização.** Na qualidade de líder, você deve envolver as pessoas e planejar meses, trimestres e até anos no futuro. Se não fizer isso, você não estará fazendo o seu trabalho. Ao se antecipar o quanto puder no futuro e planejar eventos ou padrões importantes (como o fechamento trimestral ou lançamentos de produtos no outono), você permite aos membros de sua organização se preparar para fazer um bom trabalho e atuar no Q2. Você pode criar processos em torno de eventos recorrentes para melhorar sempre. E também estaria impedindo crises autoimpostas que podem jogar a organização inteira no Q1. Algumas organizações chegam a reservar períodos regulares para pensar ou para inovar.
- **Pratique o Planejamento do Q2 com sua equipe de liderança.** Uma reunião de programação da equipe e uma de Planejamento do Q2 são coisas totalmente diferentes. A reunião de programação é caracterizada pela triagem do cascalho imediato. Já a de Planejamento do Q2 se baseia nas contribuições de prazo mais longo e em importantes Metas do Q2. A ideia é perguntar quais atividades os ajudarão a atingir os resultados importantes de sua organização e priorizar essas atividades. As organizações também têm um Cérebro Reativo e um

Cérebro Pensante coletivo. O Planejamento do Q2 ajuda a sua equipe a entrar no modo do Cérebro Pensante e programar atividades importantes e não meramente urgentes.

- **Conduza reuniões do Q2 todos os dias.** Em alguns contextos, é essencial conduzir reuniões da equipe diariamente. Por exemplo, em ambientes ágeis de desenvolvimento de software, as equipes normalmente fazem uma rápida reunião em pé todos os dias para determinar as metas mais importantes do dia e remover obstáculos ao progresso. Uma reunião como essa pode ser similar ao Planejamento Diário do Q2 dos colaboradores individuais, especialmente quando os membros da equipe estão focados em realizar as tarefas importantes, removendo distrações e se adiantando a problemas que poderiam levar a uma crise mais adiante. Os princípios do Planejamento do Q2 podem ser aplicados a uma variedade de contextos uma vez que todos tiverem estabelecido uma mentalidade e um vocabulário do Q2.
- **Melhore nas tarefas recorrentes.** Passar um tempo do Q2 com a sua equipe para estabelecer um bom processo em torno do trabalho mais vital e recorrente pode ajudar todas as pessoas da organização a manter o foco no Q2. Essa medida evita o desperdício e o retrabalho e dá às pessoas uma base sólida para trabalhar. Como o guru dos processos W. Edwards Deming afirmou, "Se não puder descrever o que faz no que se refere a processo, você não sabe o que está fazendo".[1]

ESCOLHA 4: DOMINE A TECNOLOGIA, NÃO SE DEIXE DOMINAR POR ELA

- **Elabore um manifesto do Q2 para sua organização.** Se você for um líder, tome a iniciativa e estabeleça diretrizes e protocolos claros para orientar as pessoas sobre como lidar com e-mails, mensagens de texto e outras formas de comunicação. Ajude sua equipe a priorizar as comunicações, tanto as suas como as deles. Estabeleça algumas diretrizes e regras compartilhadas. Deixe claros os momentos em que eles podem se desconectar com segurança. Quando as expectativas e os protocolos são claros, o nível de estresse cai e as pessoas ficam livres para focar sua criatividade e atenção nas atividades mais importantes.

- **Encontre as tecnologias certas para sua organização.** Na qualidade de líder, você pode influenciar a escolha dos sistemas e tecnologias utilizados em sua organização. Escolha aquelas que ajudam as pessoas a organizar os 4 Núcleos. Configure bons filtros de *spam*. Reveja os firewalls e políticas de autenticação para garantir que as pessoas possam organizar seus 4 Núcleos em diferentes dispositivos. Vivemos em uma guerra pela atenção e você não vai querer que distrações e obstáculos indesejados ou desnecessários impeçam as pessoas de fazer um bom trabalho. Dê às pessoas as ferramentas e políticas necessárias para disponibilizar as informações importantes quando e onde for necessário.
- **Ensine o Mapa do Processo do Q2 e pendure-o na parede.** Faça de tudo para que as pessoas entendam o fluxo do Mapa do Processo do Q2 e dominem os 3 Movimentos Essenciais. Se o seu pessoal entender o mapa e tiver a tecnologia e as habilidades para sustentar o conceito, elas estarão armadas para vencer a batalha diária contra a torrente de informações digitais. Reveja regularmente o mapa e peça que as pessoas informem o status das regras e digam se os protocolos implementados as estão ajudando a transformar as coisas no que realmente importa e acessar com facilidade seus 4 Núcleos.

ESCOLHA 5: ALIMENTE SUA CHAMA INTERIOR SEM SE CONSUMIR

- **Cuide-se.** A liderança é um dos trabalhos do conhecimento mais difíceis. Ser um líder organizacional eficaz requer todo tipo de energia mental e emocional. Se você for um líder, ninguém merece os benefícios de um estilo de vida do Q2 mais do que você. Os princípios das 5 Escolhas não só o ajudarão a ser um líder eficaz em sua organização como também o manterão curtindo o trabalho e evitando se exaurir. Comece se cuidando e adotando as 5 Escolhas em sua vida pessoal. Reserve um tempo para se exercitar, se alimentar e dormir bem, ter momentos regulares de renovação e relaxamento do Q2 e cultivar seus relacionamentos mais importantes. Você será um líder melhor se fizer isso.
- **Ofereça opções de alimentos saudáveis.** Essa medida com certeza será um grande sucesso no escritório. Todo mundo adora comer

e, se você oferecer opções saudáveis no trabalho, as pessoas não só ficarão gratas como poderão aplaudir a iniciativa. Quando você encontrar as pessoas alertas e produtivas e não em um coma de glicose nas reuniões à tarde, constatará que foi um dinheiro bem investido.

- **Crie intervalos para o cérebro.** Quando perceber que uma reunião se estendeu demais, recomende uma pausa para o cérebro. Sugira que todo mundo se levante e ande um pouco pela sala. Faça reuniões em pé. Tire um momento para contar piadas e se divertir. Essas pequenas medidas dão um toque de renovação e ânimo no trabalho. E também aumentarão bastante a eficácia da rodada seguinte de atividades.
- **Respeite as férias.** Quando as pessoas saem de férias, deixe que elas descansem! Tente evitar enviar e-mails, mensagens de texto ou ligar para elas quando elas estiverem fora. Se você deixar as pessoas relaxarem, elas voltarão com as baterias recarregadas.
- **Incentive e cultive uma cultura de saúde e energia.** Não crie uma cultura de heróis viciados em trabalho acostumados a avançar na base da força bruta que costumamos promover para fazer as coisas acontecerem. É verdade que algumas situações exigem horas extras no trabalho. Não temos como escapar disso. Mas, se a cultura celebra padrões de comportamento envolvendo noites em claro e pessoas irritadas e de olhos vermelhos, a crise será inevitável e, pior ainda, vocês estarão exaurindo a cultura de energia criativa necessária para encontrar a próxima ideia inovadora que os levaria ao nível seguinte ou os colocaria acima da concorrência. É muito melhor reconhecer as pessoas que se empenham e obtêm excelentes resultados sem se transformar em zumbis no escritório. Reconheça as pessoas que escolhem levar sua melhor energia para o trabalho. Essas pessoas são seus melhores colaboradores. Como líder, a sua energia e o modo como você cuida da saúde terão uma grande influência na cultura da organização.

PRIORIZE, PLANEJE, ORGANIZE-SE

"A vitória é um vilão dissimulado. Você comemora e depois deve pôr os pés no chão para melhorar ainda mais. A derrota machuca, mas serve como lição, fonte de questionamento e contínuo crescimento."

BERNARDINHO[1]

Dedicar alguns minutos diários para estabelecer suas principais atribuições nos diferentes papéis desempenhados tem de ser um hábito de todo líder. Quando falamos de papéis, não são apenas o de gerente, diretor ou de colaborador proativo de uma organização. Também me refiro ao de pai, mãe, cônjuge, irmão e filho. Todos temos vários papéis em nossa vida, e o equilíbrio entre eles é que vai fará um líder conseguir liderar alcançando satisfação pessoal e profissional.

Como fazer isso? A identificação de prioridades é o ponto de partida de qualquer planejamento eficaz, e o planejamento eficaz é a base da organização. Atualmente, essas três palavras-chave – "prioridade", "planejamento" e "organização" – costumam ser empregadas de modo tão superficial que seu verdadeiro sentido se torna vago. Assim, quando alguém – seja a esposa, o marido, o parceiro comercial, o chefe – nos diz: "você precisa escolher suas prioridades" ou "planejar-se melhor" ou ainda "organizar-se mais", muitas vezes ficamos com a sensação de que há algo importante a ser feito, mas não sabemos exatamente o quê, nem como.

Culpamos o excesso de atribuições ou a falta de colaboração de outros pelas falhas de desempenho em nossos papéis, como se isso nos eximisse de controlar nosso bem mais precioso: o tempo.

Vamos voltar, então, a essas três palavras cujo real significado precisa ser resgatado.

1. PRIORIDADE

Se procurarmos no dicionário a definição exata de prioridade, vamos descobrir que é aquilo que tem a qualidade de estar em primeiro lugar. Para que possamos decidir o que ocupará essa posição é necessário saber o que é mais importante – e isso nem sempre é fácil. Podemos priorizar o urgente, o que parece ser exigido ou esperado de nós ou mesmo o que é mais importante para os outros. O pior é que de fato acreditamos que essas são "nossas" reais prioridades. A consequência costuma ser uma sensação de desânimo, desmotivação e insatisfação, que mina os esforços e compromete os resultados. Não há solução fácil.

Somente uma autoavaliação honesta poderá indicar se realmente conhecemos nossas prioridades, e se fazemos o que é mais importante para nós. Esse é o caminho para uma vida de grandes realizações.

Durante essa avaliação, podemos identificar diferentes prioridades para aspectos específicos de nossas vidas e perceber que elas nem sempre são compatíveis. Por exemplo, você pode prezar seu emprego atual e a fidelidade aos seus valores e, de repente, dar-se conta de que a manutenção de seu emprego está indo contra os seus valores. Em casos como esse, é necessário refletir sobre o que é mais importante. Ou seja, qual das duas prioridades é a verdadeira? Não há nada mais frustrante do que tentar conciliar prioridades irreconciliáveis – e admitir isso é sinal de maturidade.

Não estamos dizendo que é impossível obter sucesso sem prejudicar o âmbito pessoal, até porque é possível encontrar uma série de pessoas bem-sucedidas em aspectos muito variados de suas vidas. Porém sempre pode ocorrer que determinado emprego não permita essa conciliação de diferentes prioridades.

2. PLANEJAMENTO

Planejar é programar, passo a passo, as estratégias e etapas necessárias para alcançar determinado objetivo. É a preparação de um plano de ação completo.

A maioria das pessoas acha que o planejamento é uma atividade tediosa e que reprime a criatividade. No entanto, essa claramente é uma noção equivocada do que é planejamento e de seu grau de importância.

Planejamento e criatividade não são excludentes; são interdependentes. O planejamento permite que a criatividade se manifeste de forma concreta e a criatividade é fundamental na elaboração de um planejamento eficaz. E é somente pensando de modo criativo que percebemos os diferentes aspectos que envolvem determinada situação, detectamos as verdadeiras prioridades e estabelecemos os métodos e procedimentos necessários para que as metas sejam atingidas.

Falta de tempo não é desculpa para não planejarmos. Na realidade, quanto mais pressa tivermos, mais necessário se torna o planejamento cuidadoso de nosso tempo e de nossas ações, a fim de evitar que descuidos fatais ponham tudo a perder.

Quem não se disciplina o suficiente para elaborar e seguir seus planejamentos acaba tornando-se refém dos contratempos, escravo do relógio e da frustração de não atingir suas metas.

3. ORGANIZAÇÃO

Não existe eficiência sem organização. E não existe organização sem prioridades e planejamento. Quando se assume um cargo de gestão em um departamento ou organização sabe-se que a primeira tarefa a ser feita é "colocar a casa em ordem". O oposto da ordem é o caos, e nada prospera no caos, a não ser, claro, a própria desordem.

Pessoas bem-sucedidas sabem utilizar seu tempo para alcançar de maneira mais eficaz possível os objetivos que traçaram para si. E, ao fazerem isso, elas agem de modo organizado.

Brasil, final do século 20. Aos 56 anos, participante de 22 pódios em 23 torneios à frente da seleção masculina de vôlei do Brasil como técnico, Bernardo Rocha de Rezende, o Bernardinho, é um dos mais conceituados líderes da atualidade. Fundamentado em disciplina, trabalho e obstinação, das 23 competições citadas, Bernadinho venceu 19. Em um mercado de trabalho cada vez mais competitivo e acirrado, acabou se tornando um ícone de liderança e vitalidade contemporânea e é solicitado pelo mundo corporativo para falar sobre o aprendizado que o esporte lhe trouxe. Quando jogador, cumpria a função de levantador, que impõe ao atleta a identificação de oportunidades para o melhor serviço dos atacantes, fundamentada no posicionamento e movimentação dos adversários. Quando estava no banco de reservas não se amargurava como muitos jogadores, mas acompanhava toda a evolução do vôlei ao lado dos principais técnicos do mundo, e estudou e absorveu conceitos e fundamentos práticos indispensáveis.

Como técnico, após a conquista de um título na Europa, em Paris, ele não ficou muito tempo no jantar de comemoração e não consumiu álcool. Deixou o restaurante cedo para ir assistir aos vídeos das equipes que enfrentaria no campeonato seguinte, que teria início em duas semanas. Segundo suas próprias palavras, "a vitória é um vilão dissimulado. Você comemora e depois deve por os pés no chão para melhorar ainda mais. A derrota machuca, mas serve como lição, fonte de questionamento e contínuo crescimento". Assim, incorpora a essência de um líder que move sua equipe pelo exemplo e, acima de tudo, pela transparência.

Rio de Janeiro (Brasil), fim da década de 1990. Ouvi de um vizinho a interessante história de Dona Rosa, criada com todos os mimos e privilégios de uma menina de classe média alta. Nunca trabalhou, nunca se preocupou em cursar uma faculdade. Depois de se casar, continuou mantendo o mesmo estilo de vida, enquanto cozinheiras, faxineiras e babás encarregavam-se de todo o serviço doméstico.

A situação, porém, mudou drasticamente quando o marido, gerente de vendas, perdeu o emprego e, apesar de seus esforços, não conseguiu outro trabalho além de "bicos" ocasionais. Dona Rosa percebeu que teria de dispensar suas empregadas domésticas e assumir, com ele e os filhos adolescentes, os cuidados com o lar. No início, os filhos protestaram, mas, ao verem que a mãe não se intimidava diante dos novos desafios, acabaram seguindo seu exemplo. Contudo, os cortes de despesas não bastaram para resolver os problemas financeiros da família. Dona Rosa, então, decidiu que iria trabalhar para ajudar o marido.

Sua decisão foi acolhida com ceticismo. O que uma pessoa com quase 50 anos, que nunca trabalhou na vida, poderia fazer? Dona Rosa encontrou a resposta quando, certa manhã, viu em um programa feminino uma artesã ensinar as telespectadoras a confeccionar bijuterias. Certa de que seria uma oportunidade para iniciar seu próprio negócio, comprou o material necessário e, imediatamente, pôs-se a fabricar as peças. Inicialmente, elas as vendia para amigas e vizinhas, mas, após algum tempo, começou a receber pedidos de pessoas indicadas por suas clientes e até de algumas lojas. Prestes a virar uma pequena empresária, Dona Rosa percebeu que deveria se organizar se quisesse progredir. Para atender aos novos pedidos, teria de investir mais na compra de material e, para isso, seria necessário fazer novos cortes em seu orçamento doméstico, até que o negócio pudesse se manter sozinho. Ela também precisaria de ajuda para confeccionar as peças e, como ainda não tinha condições de contratar ajudantes, convocou os filhos para a tarefa.

Novamente, a reação deles não foi favorável, mas, como da vez anterior, seguiram o exemplo da mãe. Depois de um período de trabalho duro, Dona Rosa e a família conseguiram montar uma loja e contratar funcionários para produzir as peças. A loja prosperou e se manteve mesmo quando o país atravessou grave crise econômica. Dona Rosa aprendeu a equilibrar seu orçamento doméstico, modificando padrões de desperdício comuns em sua família e inculcando nos filhos uma atitude mais responsável em relação ao dinheiro. E usou os mesmos critérios para administrar seu pequeno negócio, que acabou se tornando a principal fonte de renda de toda a família até hoje.

Brasil, século 21. O homem que levou uma das principais empresas de alimentação do Brasil a ingressar em uma nova era começou a trabalhar aos 12 anos, ajudando o pai a administrar a produção de leite de sua fazenda. A esse aprendizado prático, Ivan Zurita somou, mais tarde, o conhecimento adquirido na faculdade de Economia. Recém-formado, prestou concurso e começou a trabalhar como estagiário na multinacional suíça Nestlé, onde galgou diversas posições até chegar ao cargo de diretor. "Há pessoas que mudam muito de emprego. Eu também mudei, mas dentro da empresa, acompanhando as mudanças dela."

Quando assumiu a presidência, em 2001, ampliou a visibilidade da Nestlé entre os consumidores. Com um planejamento cuidadoso, Zurita alterou desde a forma de remuneração dos funcionários até o modelo de gestão da empresa, que passou a enfatizar a busca de resultados. Segundo dados da Nestlé, ele quadruplicou o resultado da companhia, que atingiu R$ 20,5 bilhões em 2011, ano em que deixou a presidência. O executivo atraiu para o Brasil grandes investimentos em aquisições e para a construção de oito novas fábricas, totalizando 31 unidades industriais no país. Zurita também impulsionou estratégias de marketing agressivas, como a regionalização, para atender os diferentes perfis dos consumidores, e criou novos modelos de negócios destinados às classes C, D e E.

UM HÁBITO QUE PODE FACILITAR SUA VIDA

Atualmente, acredita-se que trabalho é sinônimo de estresse, que sucesso profissional exige sacrifício da vida pessoal e que múltiplas atividades implicam um ritmo de vida frenético e caótico. Conforme vimos nas histórias que acabamos de ler, a tríade prioridade-planejamento-organização é a melhor maneira de se combater o estresse.

Planejar não é algo exclusivo de líderes de grandes corporações, mas de todos que queiram ser líderes de suas vidas. Qualquer um que deseje aproveitar seu tempo ao máximo, evitar desperdício de energia e concentrar esforços para atingir objetivos pode – e deve – recorrer a essa ferramenta, que começa com algo tão simples como uma agenda e é facilitado pela tecnologia atual. A FranklinCovey, por exemplo, desenvolveu os aplicativos "5 Choices Quickstart" e "Vivendo os 7 Hábitos", que garantem às pessoas maior produtividade no dia a dia.

Paulo V. Kretly,
especial para a edição brasileira

CRIE UMA CULTURA DO Q2 EM SUA ORGANIZAÇÃO

"A contribuição mais importante da gestão para o século 21 é... aumentar a produtividade do trabalho e do profissional do conhecimento."[1]

PETER DRUCKER

Este capítulo se volta aos líderes de nível sênior que têm a autoridade necessária para institucionalizar uma cultura do Q2 na organização e estão dispostos a fazê-lo. Apresentamos uma visão geral do processo que você pode usar para que isso aconteça, com base na metodologia utilizada pela FranklinCovey para ajudar seus clientes a promover grandes melhorias em sua cultura organizacional.

A CULTURA É O SISTEMA OPERACIONAL DA ORGANIZAÇÃO

A maioria de seus dispositivos eletrônicos complexos tem um sistema operacional. Seu smartphone, por exemplo, pode rodar no iOS da Apple, no Android do Google, no Windows ou em algum outro sistema e o papel do sistema operacional é garantir o bom funcionamento do dispositivo como um todo.

A cultura é como o sistema operacional da organização. Com um excelente sistema operacional, todas as coisas que tentar fazer funcionarão melhor. Quer se trate de atingir metas de faturamento, realizar tarefas e projetos, atender bem os clientes ou melhorar os sistemas e processos de produção, se você conta com um sistema operacional robusto, tudo fluirá melhor. Se o seu sistema operacional for corrompido ou estiver disfuncional, as coisas podem simplesmente não funcionar.

Com uma cultura do Q2 em sua organização, você verá que as pessoas:

- **Orientam-se automaticamente** em torno das reais prioridades.

- **Escolhem automaticamente** as atividades que produzirão o maior retorno dentro dessas prioridades.
- **Alocam automaticamente** sua melhor atenção para essas atividades e levam o melhor de si ao trabalho.

Em uma cultura do Q2, as pessoas dedicam muita energia às metas mais importantes que você está tentando atingir.

Pense nos dados estatísticos que apresentamos no início deste livro. Mostramos os resultados de um estudo global de seis anos com 351.613 participantes, no qual as pessoas responderam que mais de 40% de seu tempo e energia eram alocados para coisas que nem elas nem a empresa consideravam importantes. Também demonstramos que esse é o maior custo de oportunidade das organizações nos dias de hoje, sendo que os resultados do levantamento sugerem que quase a metade de sua folha de pagamento está sendo gasta em coisas que não fazem muita diferença para seus objetivos estratégicos.

E se você tivesse uma cultura na qual as pessoas se orientassem automaticamente em torno das atividades importantes que realmente afetam positivamente os resultados financeiros ou outros objetivos estratégicos de sua organização? E se as pessoas questionassem sistematicamente o que elas e os outros fazem para eliminar obstáculos à produtividade? E se elas chegassem ao trabalho com energia mental e física de sobra para fazer o que realmente precisa ser feito? E, o mais importante, e se elas optassem sistematicamente por investir todo o seu talento criativo e energia ao trabalho, sem reservas?

Os nossos dados demonstram que, em questão de poucos meses, as organizações podem esperar aumentar 24% o tempo que as pessoas passam no Q2 e, em alguns casos, essa proporção pode chegar a 35%.

No entanto, assim como o sistema operacional de um computador envolve um processo de instalação, uma cultura do Q2 também requer uma implementação sistemática. O processo que sugerimos a seguir mostra como instalar as 5 Escolhas em sua organização e, em um período de três a seis meses, é possível observar os seguintes comportamentos mensuráveis e auditáveis no ambiente de trabalho:

- **Conversas semanais sobre o Q2 em reuniões de equipe.** Os líderes de equipe usarão regularmente a Matriz do Tempo nas reuniões para ajudar as equipes a manter o foco nas Grandes Rochas do Q2 e eliminar as distrações do Q3.

- **Declarações e Metas dos Papéis do Q2.** Os colaboradores individuais terão elaborado declarações específicas em torno das contribuições que farão no trabalho, terão definido metas específicas para chegar lá e terão validado as metas com seus superiores imediatos. Essas medidas serão integradas nas Conversas de "Performance".
- **Planejamento Semanal e Diário do Q2.** Os colaboradores individuais farão o Planejamento Semanal e Diário do Q2 com foco específico em suas metas no trabalho.
- **Protocolos de tecnologia compartilhados.** Vocês terão um conjunto compartilhado de protocolos de e-mail para ajudar as pessoas a evitar o desperdício de tempo e usar o e-mail com mais eficácia.
- **Comportamentos de alta energia.** As pessoas exibirão comportamentos de alta energia como os mensurados pelo Índice de Energia do Q2.

Você também verá outros comportamentos, mais individualizados, resultantes das 5 Escolhas e que respaldam a cultura do Q2. Os comportamentos auditáveis, contudo, estarão espalhados por toda a organização.

COMO IMPLEMENTAR AS 5 ESCOLHAS EM SUA CULTURA

O processo apresentado a seguir descreve os principais elementos para instalar as 5 Escolhas, como em um sistema operacional. Você pode customizar esses elementos conforme a necessidade se quiser implementá-los por conta própria.

1. **Orientação da liderança e da equipe.** Para começar, um patrocinador executivo será escolhido, bem como um promotor da equipe, que será responsável por treinar os líderes e outras pessoas na organização. Durante esse encontro, que deve levar mais ou menos meio período (uma manhã ou uma tarde), a equipe de liderança vai aprender sobre as 5 Escolhas com ênfase na Matriz do Tempo e avaliar os dados referentes às 5 Escolhas na organização, analisando

quanto tempo eles estão passando no Q2. Eles também vão discutir as oportunidades imediatas reveladas pelos dados para mitigar ou eliminar atividades nos outros quadrantes.

2. **Certificação dos promotores das equipes.** *Coaches* e facilitadores na sua organização serão certificados para conduzir a Sessão de Trabalho das 5 Escolhas e garantir o sucesso do restante do processo de instalação e prestação de contas.
3. **Formação de líderes.** Líderes e gestores aprenderão as 5 Escolhas e como podem liderar suas equipes com base no conceito do Q2. Receberão atribuições específicas de liderança para implementar com suas equipes, nas cinco semanas seguintes, os cinco comportamentos auditáveis descritos acima.
4. **Treinamento dos membros das equipes.** As equipes aprenderão as 5 Escolhas e receberão itens específicos a serem implementados nas cinco semanas seguintes envolvendo os cinco comportamentos auditáveis.
5. **Apresentação dos resultados e prestação de contas pela liderança.** Cinco semanas depois do treinamento, os líderes das equipes informarão o patrocinador executivo sobre o progresso da implementação dos cinco comportamentos auditáveis e o impacto resultante no desempenho da equipe.
6. **Reavaliação.** Cerca de três meses depois do início do processo, as 5 Escolhas da organização serão reavaliadas no que se refere ao tempo passado no Q2 e a pontuação no Índice de Energia do Q2 também será revista.
7. **Manutenção.** Esta fase levará mais 12 meses e incluirá o aprendizado contínuo (incluindo um processo de ambientação para novos colaboradores), ferramentas de implementação, vários lembretes de alta visibilidade do material, reavaliações e ajuda direcionada caso as equipes não estiverem apresentando o progresso desejado.

O MAPA DO PROCESSO DE INSTALAÇÃO

Uma representação visual dos elementos desse processo seria algo como:

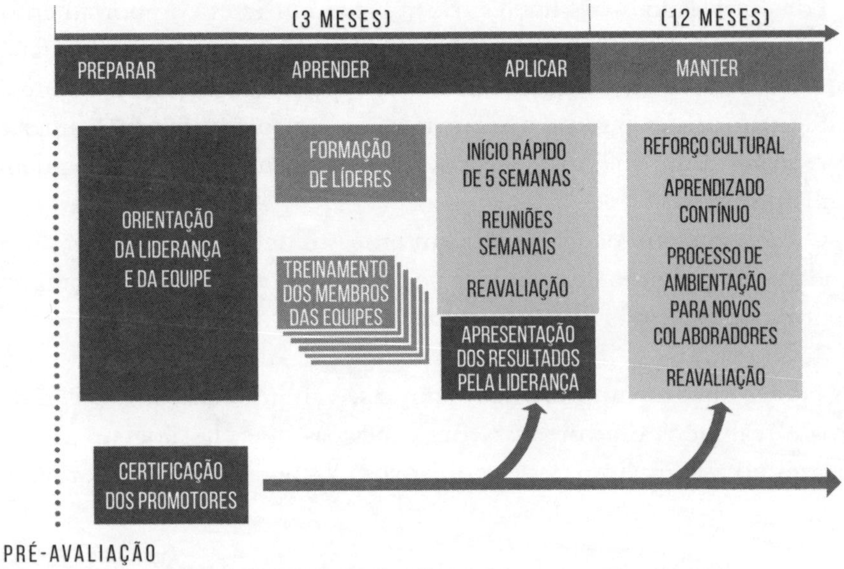

OS LIMITES DA METÁFORA

Apesar de tudo o que dissemos sobre a "instalação" das 5 Escolhas, precisamos deixar claro que uma cultura não tem como ser efetivamente "instalada". Na verdade, ela deve ser cultivada.

Embora os líderes possam seguir algumas etapas claras no decorrer do processo, na verdade a coisa toda se resume ao comportamento dos próprios líderes.

- Se os líderes sistematicamente fizerem uma pausa e perguntarem se os membros de sua equipe estão no Q2, as pessoas tenderão a ficar no Q2.
- Se os líderes pararem em público antes de jogar um Q3 no colo de alguém e disserem em voz alta o que estão fazendo, as pessoas farão o mesmo.
- Se os líderes falarem sobre a contribuição que querem fazer e revelarem suas metas para chegar lá, os outros também o farão.
- Se os líderes levarem toda a sua melhor energia ao trabalho e reconhecerem quem faz o mesmo, os outros também vão começar a fazer isso.

Por outro lado, se os líderes não respeitarem esses comportamentos e forçarem as pessoas a entrar no Q1 e no Q3, os outros também o farão e todos acabarão com mais uma iniciativa superficial que, infelizmente, é o que a maioria das pessoas nas organizações passou a esperar. A iniciativa funciona por um dia, mas, se os líderes voltarem ao normal, os demais também voltarão.

O sucesso da mudança requer um processo de dentro para fora, envolvendo comprometimento, ensinar pelo exemplo e reforço dos comportamentos por parte dos líderes focados no Q2.

Todo mundo só tem a ganhar se você se tornar um líder do Q2. Os líderes que se comprometem com esse caminho acabam mais produtivos e realizados e as organizações e pessoas que eles lideram são mais eficazes no atingimento de seus objetivos estratégicos mais importantes.

O PROCESSO DE LIDERANÇA DE DENTRO PARA FORA PARA CRIAR UMA CULTURA DO Q2

APÊNDICE A

OS 25 PROTOCOLOS DE E-MAIL MAIS IMPORTANTES

1. **Seja breve.** Antes de clicar no botão Enviar, releia a sua mensagem e elimine tudo o que não contribuir para o resultado desejado.
2. **Inclua uma proposta de ação no campo de assunto.** Uma boa linha de assunto é como uma boa manchete, instigando as pessoas a ler o resto. Se você estiver enviando um e-mail com um pedido, inclua essa informação no campo de assunto. Por exemplo: "Revisão dos dados de orçamento".
3. **Evite linhas de assunto vagas, de uma palavra só.** Ninguém quer ler um e-mail que o remetente só se deu ao trabalho de intitular "Coisas". Seja específico quanto ao conteúdo. Isso também ajuda a manter a concisão da mensagem.
4. **Não entre em mais de um assunto.** O campo é chamado de linha de assunto, não linha de assuntos. Se precisar falar sobre mais de um tema, envie mais de um e-mail. Essa prática facilita a comunicação e ajuda a eliminar mensagens longas.
5. **Não use um indicador de alta prioridade (como "!" ou "!!").** O que é importante para você normalmente não é importante para

os outros. É triste, mas é verdade. É melhor usar uma linha de assunto clara ou instigante.

6. **Escreva a mensagem antes de preencher o campo "Para:".** É quase automático incluir o destinatário antes de mais nada. Tente treinar o seu cérebro para deixar para fazer isso por último. A maioria das pessoas já passou pelo constrangimento, pelo menos uma vez na vida, de enviar acidentalmente uma mensagem antes de ser concluída. Clicar em Enviar quando você queria clicar em Anexar ou Salvar pode lhe custar o emprego!
7. **Relacione as ações recomendadas antes.** As pessoas tendem a ler só o primeiro parágrafo de qualquer e-mail, mesmo se a mensagem incluir informações vitais, de modo que é melhor não deixar o objetivo de sua mensagem para o fim.
8. **Deixe claro quem será a pessoa responsável pelas ações.** Se a mensagem for dirigida a mais de uma pessoa (incluindo destinatários em cópia) e incluir ações solicitadas, especifique o que você quer que cada destinatário faça. Seja específico. Não deixe de incluir o prazo. Por exemplo:

> Para: Paige
> Cc: Mateo, Aldo, Terry
>
> Paige, você poderia revisar o documento anexo usando o recurso Destacar Marcações até a próxima sexta-feira?
>
> Terry, Mateo, Aldo, é só para vocês ficarem sabendo: vocês não precisam fazer nada.

9. **Se a mensagem for curta, inclua-a na linha de assunto seguida da sigla (FDM).** A sigla significa "fim da mensagem" e informa os destinatários que eles não precisam abrir o e-mail. Com isso, você estará poupando o tempo de todos. Por exemplo: "A reunião vai começar em 15 minutos (FDM)".
10. **Inclua a sigla (SRN) no fim da sua mensagem.** A sigla significa "sem resposta necessária". Naturalmente, você só deve usá-la quando for o caso. Os destinatários ficarão gratos pela gentileza.

11. **Use prefixos quando necessário.** Incluir "Q1" informa as pessoas da urgência do e-mail e elas vão saber exatamente como reagir. Mas evite dar alarmes falsos. Só use o Q1 se a mensagem de fato for urgente e importante. E, se for o caso, será que um e-mail de fato é a melhor maneira de se comunicar? Isso nos leva ao nosso próximo ponto...
12. **Não use o e-mail para discutir questões do Q1.** Sim, os e-mails são enviados em questão de segundos, mas isso não garante que serão lidos em segundos. Não se esqueça de que os telefones ainda podem ser usados para falar diretamente um com o outro. Ou talvez seja interessante simplesmente levantar da sua cadeira e ir até a mesa do colega para falar pessoalmente com ele.
13. **Evite o uso excessivo de acrônimos.** Os acrônimos poupam muito tempo, especialmente se forem incluídos na linha de assunto. Mas existem milhares deles, o que reduz as chances de o destinatário saber do que você está falando. No entanto, pode valer a pena combinar alguns acrônimos de uso comum no escritório. Por exemplo: AN (ação necessária), PSA (para a sua aprovação) ou PER (pergunta).
14. **Responda dentro de 24 horas.** Naturalmente, tudo depende da natureza do e-mail. Se for um problema do Q2 que pode ser resolvido outro dia, pelo menos mande uma mensagem informando ao remetente quando ele pode esperar uma resposta.
15. **Não espere uma resposta imediata.** Como recomendamos às pessoas que só verifiquem os e-mails em determinados momentos agendados do dia, você deveria fazer o mesmo. Desse modo, apenas espere uma resposta dentro de um tempo razoável.
16. **Use as respostas automáticas quando estiver fora do escritório.** Quando você for passar alguns dias ou mais fora do escritório, dê um jeito de avisar as pessoas. Em geral, é possível configurar respostas automáticas para as pessoas de dentro e de fora de sua organização. Alguns programas possibilitam restringir essas respostas automáticas às pessoas de lista de contatos. Isso é interessante porque impede respostas automáticas aos *spammers*, o que pode aumentar o volume de *spams* que você recebe.
17. **Evite enviar e-mails em cópia desnecessários.** As pessoas costumam abusar do recurso dos e-mails em cópia. Só envie cópias

para pessoas que de fato precisam receber a mensagem. Observe que, em geral, receber um e-mail em cópia implica que nenhuma ação é necessária e que a mensagem apenas se destina aos destinatários copiados se informarem dos acontecimentos. Se você quiser que algum destinatário em cópia faça alguma ação, deixe isso bem claro na mensagem.

18. **Use a cópia oculta com muito, muito cuidado.** É melhor usar esse recurso quando os destinatários não se conhecem. Assim, você não precisa revelar as informações de contato de ninguém. E alguns smartphones de hoje podem não mostrar necessariamente que você foi incluído em cópia oculta, deixando-o aberto para responder mesmo se os outros não souberem que você foi um dos destinatários. Isso não é nada bom.
19. **Não use o recurso Responder a Todos.** Você sabe que a maioria das mensagens do tipo Responder a Todos é de baixo valor... não use esse recurso. Todo mundo agradece!
20. **Nomeie seus anexos adequadamente.** Não force os destinatários a adivinhar do que um arquivo se trata enviando anexos com nomes como "documento 1.docx" ou "CB0056.pdf". Opte por nomes mais claros. Por exemplo: "Ata da reunião de status do dia 5 de junho".
21. **Resuma os tópicos de discussão.** Se estiver encaminhando uma discussão a outra pessoa, é interessante resumi-la para não forçar a pessoa a ler a conversa toda. Ou você pode destacar apenas os trechos relevantes.
22. **Sempre adicione novos contatos a sua lista de contatos.** Isso evita o risco de um futuro e-mail recebido ser enviado à pasta de *spam*.
23. **Sempre inclua as informações de contato em sua assinatura.** Essa medida será de grande utilidade caso alguém precisar entrar em contato com você imediatamente ou preferir discutir detalhes usando outra forma de comunicação.
24. **Não envie e-mails para falar de assuntos particulares.** O e-mail do trabalho não é privado e é considerado propriedade da empresa. Guarde seus assuntos pessoais para os intervalos. Além disso, para que encher e bagunçar o seu valioso espaço na

caixa de entrada de e-mails com mensagens pessoais mais adequadas a outra conta?

25. **Só use o e-mail se for absolutamente necessário.** Muitos de nós podem receber mais de cem mensagens por dia. Se você tem como simplesmente cruzar o corredor para ir à sala do colega, faça isso. Ou se o e-mail for levar mais de dez minutos para ser escrito, a mensagem pode ser extensa demais para esse modo de comunicação. Em geral, o e-mail é mais eficaz para dar e receber informações. É um meio de comunicação menos eficaz (ou até contraproducente) para resolver conflitos, desabafar, expressar opiniões fortes, fofocar, repreender ou reclamar. Há melhores maneiras de comunicar esse tipo de coisa... ou, em alguns casos, talvez seja até melhor não dizer nada.

APÊNDICE B

OS PRINCIPAIS MODELOS

MATRIZ DO TEMPO™, DA FRANKLIN COVEY

IMPORTANTE

Q1 NECESSIDADE

- Crises
- Reuniões de emergência
- Prazos de última hora
- Problemas prementes
- Acontecimentos imprevistos

Q2 PRODUTIVIDADE EXTRAORDINÁRIA

- Trabalho proativo
- Metas de alto impacto
- Pensamento criativo
- Planejamento
- Prevenção
- Desenvolvimento de relacionamentos
- Aprendizado e renovação

Q3 DISTRAÇÃO

- Interrupções desnecessárias
- Relatórios supérfluos
- Reuniões irrelevantes
- Pequenos problemas alheios
- E-mails, tarefas, telefonemas, atualizações de status etc. sem importância

Q4 DESPERDÍCIO

- Trabalho trivial
- Atividades evasivas
- Excesso de relaxamento, TV, jogos, internet
- Desperdiçadores de tempo
- Fofocas

NÃO IMPORTANTE

URGENTE ⟷ NÃO URGENTE

MATRIZ DO TEMPO™, DA FRANKLINCOVEY (EM BRANCO)

MAPA DO PROCESSO DO Q2™

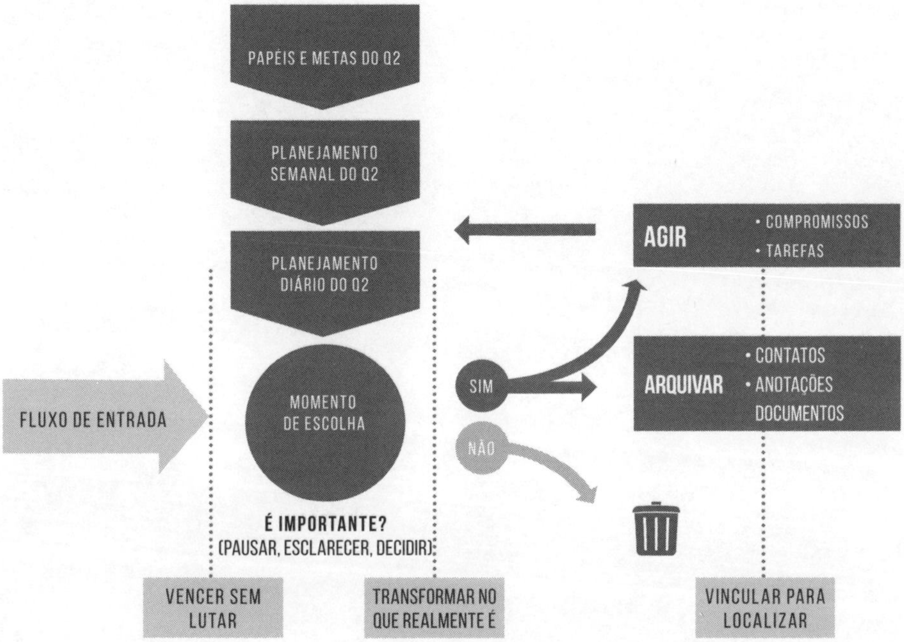

AGRADECIMENTOS DOS AUTORES

DE KORY KOGON

Sou muito grata às pessoas que possibilitaram este livro: meu coautor, Adam Merrill, um exemplo claro de realização por meio da colaboração e abertura. Aos nossos revisores, Leigh Stevens, Suzette Blakemore, Jerel McShane, Julie Schmidt, Susan Sabo, Harvey Young, Todd Musig, Elly Rosenthal, Josh Rosenthal, Breck England, Becky Harding e Andrew Wankier. Tentamos manter o processo de revisão no Q2, mas sabemos que entramos um pouco no Q1 em função da vida ocupada das pessoas e todas as outras prioridades. Somos muito gratos pela disposição de vocês de nos acomodar em sua agenda lotada! E a Annie e Zach... seria impossível ter conseguido sem vocês!

Para a minha sorte, cresci em um lar em que meus pais faziam questão de falar sobre as realizações toda noite ao jantar, sempre nos perguntando o que realizamos ou em que contribuímos naquele dia. A resposta *nada* não era uma opção. Eles sempre nos falavam do potencial que viam em nós e nos ensinaram a criar valor dia após dia. Devo muito a eles e também às minhas duas irmãs, Barby Siegel e Elly Rosenthal, que fazem questão de manter a tradição.

Também devo enormes agradecimentos à minha parceira, Pam, que, há mais de 21 anos, tem me ajudado a ter os pés no chão. Ela faz de tudo para me encorajar a permanecre focado nas coisas mais importantes e manter o equilíbrio na vida. Perdi as contas de quantas vezes ela me salvou e me tirou de baixo do cascalho quando eu tinha dificuldade de dizer não.

DE ADAM MERRILL

Sou muito grato a Kory Kogon. É um privilégio e uma bênção trabalhar com uma pessoa tão extraordinária. Eu prezo e valorizo muito o nosso trabalho juntos.

Ben Loehnen, editor sênior da Simon & Schuster, juntamente com Brit Hvide, editor-assistente, que foram parceiros maravilhosamente visionários e colaborativos; Barbara Hanson, que editou e aprimorou o manuscrito; e os nossos agentes de longa data e absolutamente brilhantes Jan Miller e Shannon Marven da Dupree/Miller and Associates.

À talentosa e criativa equipe da FranklinCovey Innovations. O talento, dedicação e comprometimento – uns com os outros e com o desafio interminável de desenvolver produtos verdadeiramente excelentes que fazem uma diferença positiva no mundo –, tudo isso é uma grande fonte de inspiração para mim.

Sean Covey, que lidera com coragem, age com integridade e está sempre atento aos detalhes. Você é um verdadeiro líder que inspira a grandeza.

Scott Miller, que lidera as ações de marketing da FranklinCovey com talento e habilidade extraordinários; Annie Oswald, Zach Kristensen e Jill White, nossa intrépida equipe de livros; Leigh Stevens e Breck England, que, com integridade e comprometimento, conseguem melhorar tudo; Reid Later, editor-chefe da FranklinCovey; nossos muitos revisores e parceiros de pesquisa de campo, comprometidos com o estudo do potencial humano; Jody Karr e a equipe de Creative Services da FranklinCovey, que colaboraram para criar a capa do livro; Santiago Carbonell, que produziu a maravilhosa arte gráfica deste livro; e Yvette Richmond, que ajudou com referências e a progredir sem percalços.

Os mestres Bobby e Charlene Lawrence e a família deles, em especial meu instrutor principal Dallas Lawrence, por criar uma organização de artes marciais com orientação familiar voltada a ajudar as pessoas a se focar em metas e realizações mantendo, ao mesmo tempo, a tranquilidade e o equilíbrio.

Meus pais, Roger e Rebecca Merrill, que constituíram as bases para este trabalho e todo o resto da minha vida e que me deram um exemplo maravilhoso de serviço e contribuição positivos. Serei eternamente grato.

Julie, minha maravilhosa esposa, e nossos filhos: Amy Harrison e seu marido, John Harrison; Kimberly, Rachel e Brandon; e David Harrison, nosso primeiro neto. Essas pessoas me ensinam todos os dias o que é uma vida extraordinária e por que tudo isso é importante.

DE PAULO KRETLY

Agradeço às Figuras de Transição que estão ao meu lado há muitos anos. Poderia citar uma extensa lista, mas mencionarei apenas algumas pessoas. Primeiramente, gostaria de agradecer aos meus pais, João e Otília, por terem me dado visão e terem me ensinado princípios que levarei por toda a eternidade. Agradeço também aos meus seis irmãos – Marilena, Heloísa, Luiz Carlos, Eliana, João Marcos e Graciema. Tenho ótimas lembranças de nossa infância, de nossas viagens para a praia e dos domingos na Igreja, sempre com a DKV Vemag do papai! Como era bom!

Ao meu querido amigo Harry Klein, pela ótima convivência de dois anos que tivemos no Nordeste do Brasil, prestando um serviço voluntário, meu muito obrigado. Quantos conselhos inspiradores ouvi dele!

Quero agradecer também aos meus amigos das várias cidades em que morei – Campinas, Recife, Maceió, João Pessoa, Fortaleza, Bauru, São Paulo e Sandy, nos Estados Unidos. Tenho um amor enorme por todos eles. Também não poderia esquecer dos amigos e irmãos africanos de Angola, Moçambique e Suazilândia, países nos quais tive a grande oportunidade de viver e aprender durante três incríveis anos de minha vida.

Agradeço à minha adorável esposa Adriana, sempre tão dedicada e sábia, que me ajuda a prosseguir com meus objetivos. Aos meus amados filhos Junior, Aline e Danilo, que têm sido uma alegria constante em minha vida, ensinando-me a ser uma pessoa melhor. Também agradeço ao meu filho Luiz Henrique, que não está entre nós, mas cuja lembrança me dá a certeza de que um dia o verei novamente.

Aos meus parceiros dedicados da FranklinCovey, tanto no Brasil como nos Estados Unidos, minha gratidão pelo grande apoio e confiança, e, em especial, ao dr. Stephen R. Covey e a Hyrum Smith – por meio de suas obras e da confiança demonstrada, vocês impulsionaram toda a minha jornada até aqui.

Agradeço aos caros companheiros que atuaram comigo neste trabalho e, por fim, agradeço a Deus, nosso Pai, por seu grande plano de felicidade para todos os Seus filhos.

NOTAS

INTRODUÇÃO: VOCÊ ESTÁ SOBRECARREGADO?

1. Grant, Alan W. H. e Leonard A. Schlesinger. "Realize Your Customers' Full Profit Potential", *Harvard Business Review*, set.-out. 1995, 71.
2. John Medina. "The Brain Rules", *BrainRules.net*, http://brainrules.net/brain-rules-video, Video #1, Exercise.
3. O estudo da Matriz do Tempo da FranklinCovey foi conduzido entre 2005 e 2011.

ESCOLHA 1: CONCENTRE-SE NO IMPORTANTE, NÃO REAJA AO URGENTE

1. Douglas Van Praet. *Unconscious Branding: How Neuroscience Can Empower (and Inspire) Marketing*. Nova York: Palgrave Macmillan, 2012, 80.
2. Michael Kuhar, Ph.D. *The Addicted Brain: Why We Abuse Drugs, Alcohol, and Nicotine*. Upper Saddle River, NJ: Pearson Education, Inc., 2012, 81.
3. Michael Kuhar, M.D. *The Addicted Brain: Why We Abuse Drugs, Alcohol, and Nicotine*. Upper Saddle River, NJ: Pearson Education, Inc., 2012, 79.
4. Louis Teresi, M.D. *Hijacking the Brain: How Drug and Alcohol Addiction Hijacks Our Brains—The Science Behind Twelve-Step Recovery*. Bloomington, IN: AuthorHouse, 2011, 16.
5. Brené Brown. *Daring Greatly: How the Courage to Be Vulnerable Transforms the Way We Live, Love, Parent, and Lead*. Nova York: Penguin Group, 2012, 137.

ESCOLHA 2: BUSQUE O EXTRAORDINÁRIO, NÃO SE CONTENTE COM O ORDINÁRIO

1. Daniel Amen, M.D., entrevista gravada para a FranklinCovey.
2. Daniel H. Pink. *Drive: The Surprising Truth About What Motivates Us*. Nova York: Penguin Group, 2009, 144-145.
3. Adam Grant. *Give and Take: Why Helping Others Drives Our Success*. Nova York: Penguin Group, 2013, Capítulo 6.
4. Heidi Grant Halvorson Ph.D. *Succeed: How We Can Reach Our Goals*. Nova York: Penguin Group, 2010, 206.
5. Keva Glynn, M.H.A., Heather Maclean, Ed.D., Tonia Forte, M.H.Sc. e Marsha Cohen, M.D., M.H.Sc. "The Association Between Role Overload and Women's Mental Health", *Journal of Women's Health*, vol. 18, p. 2, 2009.
6. Brigid Schulte. *Overwhelmed: Work, Love, and Play When No One Has the Time*. Nova York: Farrar, Straus and Giroux, 2014, 164.
7. Heidi Grant Halvorson Ph.D., entrevista gravada para a FranklinCovey.
8. Daniel H. Pink. *Drive: The Surprising Truth About What Motivates Us*. Nova York: Penguin Group, Inc., 2009, 138.

ESCOLHA 3: "PROGRAME" AS GRANDES ROCHAS, NÃO SE PERCA EM MEIO AO CASCALHO

1. Thomas H. Davenport, John C. Beck. *The Attention Economy*. Harvard Business School Press, 2001, 2–3.
2. Heidi Grant Halvorson Ph.D., entrevista gravada para a FranklinCovey.
3. Rick Hanson, Ph.D, Richard Mendius, M.D. *Buddha's Brain: The Practical Neuroscience of Happiness, Love, and Wisdom*. Oakland, CA: New Harbinger Publications, Inc., 2009, 200.
4. Heidi Grant Halvorson Ph.D., entrevista gravada para a FranklinCovey.
5. Steven R. Covey. *The 7 Habits of Highly Effective People*. Nova York: Simon & Schuster, 2009, 306.

ESCOLHA 4: DOMINE A TECNOLOGIA, NÃO SE DEIXE DOMINAR POR ELA

1. Herman Kahn, *The Year 2000. A Framework for Speculation on the Next Thirty-three Years*. Nova York: The Macmillan Company, 1967, 197.
2. Herman Kahn. *The Year 2000: A Framework for Speculation on the Next Thirty-three Years*. Nova York: The Macmillan Company, 1967, 197.
3. Alex Magdaleno. "Imogen Heap Takes High-Tech Musical Glove to Kickstarter", *Mashable.com*, http://mashable.com/2014/Q4/11/imogen-heap/.
4. Edward M. Hallowell, M.D., entrevista gravada para a FranklinCovey.
5. Catherine Steiner-Adair Ed.D., Teresa H. Barker. *The Big Disconnect: Protecting Childhood and Family Relationships in the Digital Age*. Nova York: HarperCollins, 2013, 10–11.

6. Catherine Steiner-Adair Ed.D., Teresa H. Barker. *The Big Disconnect: Protecting Childhood and Family Relationships in the Digital Age.* Nova York: HarperCollins, 2013, 11.
7. Thomas Cleary. *The Japanese Art of War: Understanding the Culture of Strategy.* Boston: Shambhala Publications, 1991, 75.
8. Thomas Cleary. *The Japanese Art of War: Understanding the Culture of Strategy.* Boston: Shambhala Publications, 1991, 77.
9. Julie Morgenstern. *Organizing from the Inside Out.* Nova York: Henry Holt and Company, 2004, 16.
10. Ed Parker. *Infinite Insights into Kenpo: Mental and Physical Applications.* Los Angeles: Delsby Publications, 1987, xii.
11. "Email Statistics Report, 2014–2018", The Radicati Group, abr. 2014, p. 4.
12. Sun Tzu. *The Art of War: The Ancient Classic.* West Sussex, United Kingdom: Capstone Publishing (A Wiley Company), 2014, 20.
13. Nick Collins. "Email Raises Stress Levels", telegraph.co.uk, http://www.telegraph.co.uk/science/science-news/10096907/Email-raises-stress-levels.html. Também pode ser interessante consultar o artigo relacionado: "One in Three Workers Suffers from 'Email Stress'", telegraph.co.uk, http://www.telegraph.co.uk/news/uknews/1560148/One-in-three-workers-suffers-from-email-stress.html.

ESCOLHA 5: ALIMENTE SUA CHAMA INTERIOR SEM SE CONSUMIR

1. Nikhil Swaminathan. "Why Does the Brain Need So Much Power?", *scientificamerican.com,* http://www.scientificamerican.com/article/why-does-the-brain-need-s.
2. Daniel H. Pink. *Drive: The Surprising Truth About What Motivates Us.* Nova York: Penguin Group, 2009, 78.
3. Daniel H. Pink. *Drive: The Surprising Truth About What Motivates Us.* Nova York: Penguin Group, 2009, 131.
4. John Ratey, M.D., entrevista gravada para a FranklinCovey.
5. John Ratey, M.D., entrevista gravada para a FranklinCovey.
6. Christopher Bergland. "The Brain Drain of Inactivity", *psychology today.com,* http://www.psychologytoday.com/blog/the-athletes -way/201212/the-brain-drain-inactivity.
7. Ted Eytan. "The Art of the Walking Meeting". Ted Eytan, M.D., blog, 10 jan. 2008, http://www.tedeytan.com/2008/Q1/10/148.
8. John Ratey, M.D., entrevista gravada para a FranklinCovey.
9. Joseph Signorile. "Aging and Exercise", *radiowest.kuer.org,* http://radiowest.kuer.org/post/aging-and-exercise.
10. Richard Restak, M.D., entrevista gravada para a FranklinCovey.
11. John Ratey, M.D., entrevista gravada para a FranklinCovey.
12. Daniel Amen, M.D., entrevista gravada para a FranklinCovey.
13. Daniel Amen, M.D., entrevista gravada para a FranklinCovey.
14. Joshua Gowin. "Why Your Brain Needs Water", psychologytoday.com, http://www.psychologytoday.com/blog/you-illuminated/201010/why-your-brain-needs-water.

15. Philippa Norman M.D., M.P.H. "Feeding the Brain for Academic Success: How Nutrition and Hydration Boost Learning", healthybrainforlife.com, http://www.healthybrainforlife.com/articles/school-health-and-nutrition/feeding-the-brain-for-academic-success-how.
16. T. Colin Campbell, Thomas M. Campbell II. *The China Study: The Most Comprehensive Study of Nutrition Ever Conducted and the Startling Implications for Diet, Weight Loss and Long-Term Health*. Dallas: BenBella Books, 2006, 228.
17. Thierry Hale. "Rio-Paris Crash, Pilot Fatigue Was Hidden", lepoint.fr, http://www.lepoint.fr/societe/crash-du-rio-paris-la-fatigue-des-pilotes-a-ete-cachee-15-Q3-2013-1640312_23.php. Vários outros relatos podem ser encontrados, inclusive: Robert Mark, "Air France 447 and Sleep Deprivation: A Fatal Link", jetwhine.com, http://www.jetwhine.com/2013/Q3/af-447-crash-sleep-deprivation-a-link-appears.
18. Centers for Disease Control and Prevention, "Insufficient Sleep Is a Public Health Epidemic", cdc.gov, http://www.cdc.gov/features/ds sleep.
19. Liz Joy, M.D., entrevista gravada para a FranklinCovey.
20. Alice A. Kuo, "Does Sleep Deprivation Impair Cognitive and Motor Performance as Much as Alcohol Intoxication?", ncbi.nhn.gov, http://www.ncbi.nlm.nih.gov/pmc/articles/PMC1071308/.
21. Liz Joy, M.D., entrevista gravada para a FranklinCovey.
22. Monica Eng, "Light from electronic screens at night linked to sleep loss", http://articles.chicagotribune.com, http://articles.chicagotribune.com/2012-07-08/news/ct-met-night-light-sleep-20120708_1_blue-light-bright-light-steven-lockley.
23. Monica Eng, "Light from electronic screens at night linked to sleep loss", articles.chicagotribune.com, http://articles.chicago tribune.com/2012-07-08/news/ct-met-night-light-sleep-2012=0708_1_blue-light-bright-light-steven-lockley.
24. William C. Dement, M.D., Ph.D. *The Promise of Sleep: A Pioneer in Sleep Medicine Explores the Vital Connection Between Health, Happiness, and a Good Night's Sleep*. Nova York: Dell Publishing, 1999, 428.
25. William C. Dement, M.D., Ph.D.. *The Promise of Sleep: A Pioneer in Sleep Medicine Explores the Vital Connection Between Health, Happiness, and a Good Night's Sleep*. Nova York: Dell Publishing, 1999, 425.
26. William C. Dement, M.D., Ph.D. *The Promise of Sleep: A Pioneer in Sleep Medicine Explores the Vital Connection Between Health, Happiness, and a Good Night's Sleep*. Nova York: Dell Publishing, 1999, 423.
27. Michael Kellmann, Ph.D. *Enhancing Recovery: Preventing Underperformance in Athletes*. Champaign, IL: Human Kinetics, 2002, vii.
28. Michael Kellmann, Ph.D. *Enhancing Recovery: Preventing Underperformance in Athletes*. Champaign, IL: Human Kinetics, 2002, 5.
29. Sage Roundtree. *The Athlete's Guide to Recovery*. Boulder, CO: Velopress, 2011, 12. O trecho entre colchetes é nosso.
30. Sage Roundtree. *The Athlete's Guide to Recovery*. Boulder, CO: Velopress, 2011, 13.
31. Sage Roundtree. *The Athlete's Guide to Recovery*. Boulder, CO, Velopress, 2011, 12.

32. Matt Richtel. "Digital Overload: Your Brain on Gadgets", *Fresh Air,* National Public Radio, 24 ago. 2010.
33. Phyllis Korkki. "To Stay on Schedule, Take a Break", nytimes.com, http://www.nytimes.com/2012/06/17/jobs/take-breaks-regularly-to-stay-on-schedule-workstation.html?_r=0.
34. Herbert Benson, M.D., Miriam Z. Klipper. *The Relaxation Response.* Nova York: HarperCollins, 2009, 142–143.
35. Dan Harris. *10% Happier.* Nova York: HarperCollins, 2014, 170.
36. Natali Moyal, Avishai Henik, Gideon E. Anholt. "Cognitive Strategies to Regulate Emotions—Current Evidence and Future Directions", journal.frontiersin.org, http://journal.frontiersin.org/Journal/10.3389/fpsyg.2013.01019/full.
37. Daniel Amen, M.D., entrevista gravada para a FranklinCovey.
38. Wikipedia. "Oxytocin", en.wikipedia.org, https://en.wikipedia.org/wiki/Oxytocin#Fear_and_anxiety_response.
39. Harvard Health Publications. "The health benefits of strong relationships", health.harvard.edu, http://www.health.harvard.edu/newsletters/Harvard_Womens_Health_Watch/2010/December/the-health-benefits-of-strong-relationships.
40. Matthew D. Lieberman. *Social: Why Our Brains Are Wired to Connect.* Nova York: Crown Publishing Group, 2013, 58-59.
41. Rebecca Z. Shafir. *The Zen of Listening: Mindful Communication in the Age of Distraction.* Wheaton, IL: Quest Books, 2012, 243.
42. Louis Cozolino. *The Neuroscience of Human Relationships: Attachment and the Developing Social Brain.* Nova York: W. W. Norton & Company, 2014, 4.
43. Dr. Ed Hallowell, entrevista gravada para a FranklinCovey.

O QUE UM LÍDER PODE FAZER

1. W. Edwards Deming. brainyquote.com, http://www.brainyquote.com/quotes/quotes/w/wedwardsdl33510.html.

PRIORIZE, PLANEJE, ORGANIZE-SE

1. Bernardinho. Citada em *Deixe um Legado – Histórias de Pessoas que Romperam Padrões Negativos, Tornaram-se Figuras de Transição e Mudaram Gerações*, de Paulo Kretly. Rio de Janeiro: Campus/Elsevier, 2012, 79.

CRIE UMA CULTURA DO Q2 EM SUA ORGANIZAÇÃO

1. Peter F. Drucker. "On knowledge worker productivity", gurteen.com, http://www.gurteen.com/gurteen/gurteen.nsf/id/X00035E2A/.

SOBRE OS AUTORES

KORY KOGON

Kory é diretora de Práticas Globais para a Produtividade da FranklinCovey, concentrando suas pesquisas e desenvolvimento de conteúdo nas áreas da gestão do tempo, gerenciamento de projetos e habilidades de comunicação. Ela é também coautora dos livros *Project Management Essentials for the Unofficial Project Manager* e *Presentation Advantage*.

Kory tem mais de 25 anos de experiência em posições de linha de frente e também em equipes executivas. Antes de entrar na FranklinCovey, Kory passou seis anos atuando como vice-presidente executiva de Operações Globais da AlphaGraphics, Inc. Ela foi responsável pelas equipes e projetos voltados a ajudar os franqueados a abrir o negócio, desenvolver o pessoal e atingir a rentabilidade. Liderou a implementação da ISO 9000 na organização ao redor do mundo e gerenciou a instalação do primeiro sistema de aprendizagem global na empresa.

Kory é conhecida por sua capacidade de apresentar um raciocínio e aplicações práticas que continuamente motivam as pessoas a agir. Em 2005, a *Utah Business Magazine* elegeu-a como uma das Mulheres a Observar no Mundo dos Negócios de Utah. Em 2012, Kory recebeu o

Certificate in the Foundations of Neuroleadership, do NeuroLeadership Institute, do qual ela é um membro permanente.

ADAM MERRILL

Adam Merrill é vice-presidente de Inovações da FranklinCovey, liderando um grupo de pessoas incríveis no desenvolvimento de produtos premiados voltados a ajudar pessoas e organizações a aumentar a produtividade. Um eterno aprendiz das áreas de inovação, produtividade e liderança, ele adora o processo criativo e trabalhar com as pessoas talentosas e comprometidas que esse tipo de iniciativa atrai.

Adam tem desenvolvido conteúdos nas áreas de gestão do tempo e produtividade por mais de 25 anos. Em 1994, ele participou da pesquisa que levou ao livro *Primeiro o mais importante*, de Stephen R. Covey, A. Roger Merrill e Rebecca R. Merrill, e *best-seller* do *The New York Times*. Nas duas décadas seguintes, ele continuou trabalhando e conduzindo pesquisas na área, com foco especial no impacto da evolução tecnológica sobre o modo como as pessoas atingem o sucesso no mundo digital. Ele também tem um grande interesse no modo como a ciência cognitiva, a saúde física e a energia mental afetam a nossa capacidade de sermos produtivos e tomarmos boas decisões.

Executivo ocupado, com muitas responsabilidades dentro e fora do trabalho, Adam sabe como é difícil encontrar o equilíbrio certo. Ele atinge esse equilíbrio pela prática constante dos princípios apresentados neste livro. Adam alimenta sua chama interior curtindo a família, envolvendo-se no serviço comunitário, fazendo atividades ao ar livre e praticando artes marciais. Ele é faixa preta de terceiro grau no caratê.

Adam se formou filosofia *magna cum laude* pela Brigham Young University e é mestre em administração de empresas pela Thunderbird School of Global Management.

PAULO KRETLY

O brasileiro Paulo Kretly é mestre em Administração de Empresas e graduado em Pedagogia. Possui especialização em administração e marketing pela Fundação Getúlio Vargas de São Paulo e MBA nos Estados

Unidos, com especialização em Marketing, pela Hawthorne University de Salt Lake City, Utah.

Atuou como gerente geral e diretor de marketing em várias empresas multinacionais, como Novell Inc., WordPerfect Corp. e IBM, nas quais adquiriu experiência na área. Atualmente, é o Presidente da FranklinCovey Brasil, sendo responsável por toda a operação da empresa no país, e professor de pós-graduação em liderança organizacional e legado em algumas universidades brasileiras.

Reconhecido palestrante nas áreas de liderança, gestão do tempo, legado, gestão e produtividade pessoal e interpessoal, é especialista em gestão do tempo e vem cativando milhares de pessoas e organizações que o procuram com o desejo de manter o equilíbrio entre vida pessoal e profissional. É autor dos livros *Figura de Transição* e *Deixe um Legado*.

Kretly é casado, pai de quatro filhos e mora em São Paulo. Por 25 anos vem prestando serviços voluntários contínuos em várias regiões do Brasil, do Estados Unidos e do continente africano.

ÍNDICE REMISSIVO

E

F

G

L

M

SOBRE A FRANKLINCOVEY

DECLARAÇÃO DE MISSÃO

Nós iremos libertar o grande potencial que existe nas pessoas e nas organizações, onde quer que elas estejam.

CRENÇAS FUNDAMENTAIS

Acreditamos que:

1. As **Pessoas** são naturalmente capazes, ambicionam crescimento, e tem poder de escolha.
2. **Princípios** são eternos e universais, e são a base para a eficácia duradoura.
3. **Liderança** é uma escolha, construída de dentro para fora tendo como base o caráter. Grandes líderes liberam nas pessoas o talento coletivo e a paixão rumo a meta certa.
4. **Hábitos e Eficácia** vêm somente com o uso comprometido dos processos e ferramentas adequadas.
5. **Sustentar o desempenho superior** requer equilíbrio P/PC® — foco no alcance dos resultados e no aprimoramento das habilidades.

VALORES

1. **Compromisso com os Princípios.** Nós somos apaixonados por nosso conteúdo e nos esforçamos por ser um modelo dos princípios e práticas que ensinamos.
2. **Impacto Duradouro com os Clientes.** Nós somos comprometidos em entregar aquilo que prometemos para nossos clientes. Nosso sucesso só é possível se eles também tiverem sucesso.
3. **Respeito pelo Ser Humano.** Nós valorizamos todos os indivíduos e tratamos cada pessoa com quem trabalhamos como verdadeiros parceiros.
4. **Crescimento Sustentável.** Nós encaramos a rentabilidade e o crescimento como se fossem o coração de nossa organização; são eles que nos dão liberdade para cumprir nossa missão e visão.

A FranklinCovey (NYSE:FC) é líder global no treinamento em eficácia, em ferramentas de produtividade e serviços de avaliação para organizações, equipes e pessoas. Entre nossos clientes, estão 90% das 100 maiores empresas de *Fortune*, mais de 75% das 500 maiores de *Fortune,* milhares de pequenas e médias empresas, bem como numerosos órgãos governamentais e instituições de ensino. Organizações e pessoas têm acesso aos produtos e serviços da FranklinCovey mediante treinamento corporativo, facilitadores licenciados, *coaching* um a um, seminários públicos, catálogos, mais de 140 lojas de varejos e nosso *site* www.franklincovey.com.

A FranklinCovey conta com dois mil associados que oferecem serviços profissionais, produtos e materiais em 28 idiomas, em 39 escritórios e em 95 países.

PROGRAMAS E SERVIÇOS

- xQ Survey and Debrief *(to help leaders assess their organization's "Execution Quotient")*
- The 7 Habits of Highly Effective People workshop

- The 4 Disciplines of Execution worksession
- FOCUS: Achieving Your Highest Priorities workshop
- The 4 Roles of Leadership workshop
- The FranklinCovey Planning System

SOBRE A FRANKLINCOVEY BRASIL

A FranklinCovey Brasil é uma sólida organização voltada para a melhoria da eficácia corporativa e pessoal. Suas soluções baseiam-se no desenvolvimento da alta produtividade, geren ciamento de tempo, projetos e excelência nos relacionamentos interpessoais. Desde 2000, a FranklinCovey Brasil já aplicou treinamentos em cerca de 130 das maiores empresas do país, utilizando uma metodologia baseada em princípios, que transformam essas organizações de dentro para fora, tornando-as altamente eficazes.

PROGRAMAS

- As 5 Escolhas para uma Produtividade Extraordinária
- Os 7 Hábitos das Pessoas Altamente Eficazes
- Os 7 Hábitos dos Adolescentes Altamente Eficazes
- Habilidade de Apresentação
- Habilidade para Reuniões
- Habilidades de Escrita
- Construindo Confiança
- Gerenciamento de Projetos
- Como Trabalhar com Sinergia
- xQ — Quociente de Execução
- As 4 Disciplinas da Execução
- Promovendo o Sucesso dos Clientes (3 módulos) Perfil 360°

LIVROS EM PORTUGUÊS

- *Os 7 Hábitos das Pessoas Altamente Eficazes*
- *Os 7 Hábitos das Famílias Altamente Eficazes*
- *Os 7 Hábitos dos Adolescentes Altamente Eficazes*
- *Vivendo os 7 Hábitos*
- *Liderança Baseada em Princípios*
- *Primeiro O Mais Importante*
- *O Que Mais Importa*
- *O Gladiador Moderno*
- *O Princípio do Poder*
- *Os 7 Hábitos Compactos (7 Livretos)*
- *Princípios Essenciais das Pessoas Altamente Eficazes*
- *O Programa FranklinCovey para a Execução Eficaz*
- *Figura de Transição*
- *Questões Fundamentais da Vida*
- *Seus Clientes Precisam Ter Sucesso. E Agora?*
- *O 8º Hábito*

EM INGLÊS

- *The 7 Habits of Highly Effective People*
- *The 7 Habits of Highly Effective Families*
- *Living The 7 Habits*
- *The 10 Natural Laws o f Successful Time and Life Management*
- *What Matter Most*
- *The Modern Gladiator*
- *First Think First*
- *Life Matters*
- *Principle Centered Leadership*
- *To Do, Doing, Done*
- *Let's Get Real or Let's Not Play*
- *Business Think*
- *The 8th Habit*

ÁUDIOS (INGLÊS)

- Beyond the 7 Habits (4 CD set)
- First Thing First (3 CD set)
- Life Matters (4 CD set)
- Mastering the 7 Habits (12 CD set)
- Principle Centered Leadership (3 CD set)
- The 7 Habits of Highly Effective People (3 CD set)

OUTRAS SOLUÇÕES FOCALIZADAS

- Consultoria Organizacional
- Certificação FranklinCovey
- Soluções Formatadas para empresas
- Soluções Eletrônicas e Aprendizado *on-line*
- Simpósio Internacional sobre Liderança e Produtividade
- Soluções Organizacionais
- Personal Coaching
- Palestras Especiais
- Formação de Multiplicador Interno
- MBA Executivo de Liderança e Gestão Organizacional
- Concessão de Propriedade Intelectual
- InSights
- All Acess Pass

FranklinCovey®
A SUA MAIOR VANTAGEM COMPETITIVA

FRANKLINCOVEY BRASIL LTDA.
Rua Flórida, 1568
São Paulo, SP — 04565-001 — Brasil
Telefone: (11) 5105-4400
E-mail: info@franklincovey.com.br
Site: www.franklincovey.com.br